Regina Freinbichler

Faszination Schottland

Ein Lesebuch zu
Land, Kultur & Geschichte

ISBN 978-3-99025-446-2

Layout: freya_art,
Lektorat: Claudia Traxl, Mag. Dorothea Forster
Bildmaterial: Vielen Dank für die Bereitstellung von Fotos an: Julian Laing (Edinburgh), Martina Müller-Franz, Lisa Sauer, Monika Schreiner, Verena Schnitzhofer, Franziska Littner, Thomas Hörl, Manfred Windberger, Isabel Neves, Adam Dörflinger, Serena Simioni, Eva Katzinger, Gerhard Ryba, Vallerie King,
Landkarten: Helga Freinbichler, **Schottlandumriss:** Kaya Pühringer

printed in EU

Regina Freinbichler

Faszination Schottland

Ein Lesebuch zu
Land, Kultur & Geschichte

freya

Inhalt

Vorwort

Die folgenden Kapitel können in beliebiger Reihenfolge gelesen werden, ich habe sie ja auch nicht in der hier vorliegenden Reihenfolge verfasst. Fünf Jahre lang habe ich mich immer wieder anderen Facetten der schottischen Kultur zugewandt und darüber kurze Artikel verfasst. Gerne kann man auch nur einzelne davon lesen, je nach Belieben. Man muss sich nicht speziell für Geschichte, Politik, Whisky oder die Outlander-Serie interessieren, man muss kein Vorwissen haben und auch noch nie in Schottland gewesen sein, um sich an diesen kurzen Artikeln zu erfreuen. Aber auch Schottland-Experten werden darin Vergnügen finden. Fast jeden, der Schottland einmal besucht hat, befällt das Schottland-Fieber, der innere Wunsch, so schnell wie möglich wieder hinzureisen und mehr zu erfahren. Ich habe eine Vielzahl verschiedener Themen ausgewählt, quer durch die schottischen Regionen, die Kultur und Geschichte dieses wunderschönen Landes. Es besteht aber keinerlei Anspruch auf Vollständigkeit: Man könnte noch so viel mehr schreiben. Ich möchte keinen Reiseführer verfassen, dazu dient heute das Internet. Ich habe aber einige Regionen herausgegriffen, die auf vielen Schottland-Reisen zu kurz kommen, obwohl sie historisch und kulturell sehr viel bieten. In erster Linie war es mein Wunsch, ein Lesebuch zu schaffen, mit dem sich Menschen, die so wie mich das Schottland-Fieber erfasst hat, mit einem Glas Whisky hinsetzen und die Zeit bis zum nächsten Schottland-Urlaub überbrücken können.

Schottisches Wetter

Berüchtigt ist das schottische Wetter – doch ist es wirklich so schlimm? In Schottland gibt es im Prinzip zwei Wetterlagen: Wenn man den Wetterbericht hört, dann ist da immer von „mainly cloudy" oder „partly cloudy" die Rede. Es ist also ganz einfach.

Was bedeutet nun „mainly cloudy"? Der Himmel ist von Wolken verhangen. Es regnet nicht, noch nicht. Vorsichtshalber zieht man den Pullover und die Regenjacke an und nimmt den Schirm mit. Kaum verlässt man das Haus, schwitzt man schon. Die Luftfeuchtigkeit ist fast 100 %, die Jacke gleich wieder ausgezogen. Genau im unpassendsten Moment, irgendwo unterwegs, beginnt es zu regnen. Man zieht die Jacke wieder an und versucht verzweifelt, den Regen mit dem Schirm abzuhalten. Aber der Regen scheint aus allen Richtungen gleichzeitig zu kommen. Man gibt schließlich auf, packt den Schirm wieder ein und zieht die Kapuze zu. Die neue Gore-Tex-Jacke hält wunderbar dicht, dennoch ist man pitschnass, von innen, nicht von außen.

Langsam wird es unbequem und man flüchtet in ein Pub. Die Scheiben sind angelaufen und es riecht etwas modrig. Ein paar einheimische Mädels kommen herein, in kurzen Röcken und Ballerinas, ohne Jacke, sich eine Zeitung über den Kopf haltend. Sie ziehen die Ballerinas aus und gießen das Wasser heraus. Dann laufen sie aufgeregt zur Toilette, um ihr Makeup wieder herzustellen. Man bestellt eine Runde Getränke und als sie serviert werden, lacht die Sonne durch den Dampf am Fenster. Als man dann ausgetrunken hat und vor die Tür tritt, ist das blaue Loch in der Wolkendecke fast schon wieder verschwunden, und die Geschichte beginnt von Neuem.

Und wie ist das mit „partly cloudy"? Einzelne Wolken ziehen eilig über den Himmel, ihre Schatten kriechen über den Asphalt. Auf den Hängen der umliegenden Berge bieten Licht und Schatten ein unglaubliches Schauspiel. Plötzlich sprenkeln ein paar Regentropfen nieder, und man weiß eigentlich nicht, woher sie kommen. Schnell stellt man sich unter, und schon sind sie wieder vorbei.

„Partly Cloudy" am Strand von Portobello

Die Luft ist klar, als ob der Regen sie gerade gewaschen hätte, der Ausblick herrlich. Für ein paar Momente ist es sogar angenehm warm. Doch dann pfeift der Wind durch die Gassen und man zieht den Kragen hoch und das Halstuch über die Ohren. Könnte man sich heute in den Gastgarten setzen? Man sucht ein windgeschütztes Plätzchen und zieht die Jacke zu, dann wird es gehen. Der Wind beruhigt sich und die Sonne wärmt mit ihrer ganzen Kraft. Schnell ist die Jacke ausgezogen. Aber man lässt sie lieber in Reichweite.

Es gibt in Schottland Tage, da könnte man es mit einer kurzen Hose durchaus aushalten. Aber es gibt keine Tage, an denen man es mit einer langen Hose nicht aushält. (Das hält natürlich die Schotten nicht davon ab, kurze Hosen und Röcke zu tragen.) Es wird manchmal angenehm warm, manchmal unangenehm feucht, manchmal ungewohnt windig oder empfindlich kühl, aber nie drückend heiß. Einen Sonnenbrand bekommt man leicht, weil man die Intensität der Sonne nicht bemerkt. Rot wird dabei allerdings eher nur das Gesicht.

Regnet es in Schottland tatsächlich mehr als in Österreich oder Deutschland? Nein, definitiv nicht. Ich komme aus dem schönen Salzburg, und die Regenmengen sind hier mehr als doppelt so groß wie in Schottland (Wenn es hier einmal regnet …). Und die Anzahl der Tage mit Regen ist ungefähr gleich. Während es bei uns im Sommer am meisten regnet, sind Juli und August in Schottland die trockensten Monate. Dabei ist meistens die Ostküste Schottlands, also zum Beispiel Edinburgh, eher begünstigt, während sich im Westen, vor allem in den Bergen, die Regenwolken halten können. Im Osten pfeift jedoch auch der Wind ungebremst vom Meer herein.

Doch Edinburgh hat noch eine ganz besondere Wetterlage: Den „haar“. Warme, feuchte Luft kommt aus dem Osten über das Meer, und das kühlere Wasser lässt die Feuchtigkeit kondensieren. Über dem Firth of Forth und der Stadt liegt dichter Nebel und man sieht kaum noch die eigene Fußspitze. Bei solchem Wetter gibt es drei Möglichkeiten: Erstens, man erklimmt den Arthur's Seat (Vorsicht: Absturzgefahr wegen schlechter Sicht) und sieht sich das Ganze von oben an. Zweitens, man versucht, ein paar tolle Aufnahmen der Forthbridges im Nebel zu machen oder schaurige Fotos von Edinburgh Castle. Oder drittens, man fährt so weit nach Westen, bis man aus dem Nebel auftaucht.

Dirleton Castle im Nebel

Baden im Meer? Es gibt in Schottland malerische Küsten und wunderschöne Strände, auch in und um Edinburgh. Die Schotten verbringen im Sommer gern jedes Wochenende am Strand, zumindest wenn es im Moment gerade nicht regnet. Viele Strände haben Unterstände für kurze Regengüsse. An den Stränden findet man Jahrmärkte und Geschäfte mit Fish and Chips, Icecream und Neoprenanzügen – Sommer-Feeling in Schottland. Im Wasser sind aber meist nur die Kinder oder die Füße (und solche Verrückten wie ich). Die Wassertemperatur von ungefähr 13 bis 16 Grad ist nicht jedermanns Sache, und man sollte seine Kleidung so hinlegen, dass der Wind sie nicht verweht. Das einzig Gute ist, dass es im Winter auch nicht viel kälter ist. Und so gehen die Schotten traditioneller Weise am Neujahrstag in South Queensferry baden – beim sogenannten „Loony Dook“ (dem Tauchgang der Durchgeknallten).

Badetag bei trübem Wetter in North Berwick

Edinburgh versus Glasgow

Gegensätzlichkeit und ein uraltes Misstrauen zeichnen die Beziehung der beiden größten Städte Schottlands aus. Kommt man als Glaswegian (so nennen sich die Bewohner Glasgows, kurz: Weegie) nach Edinburgh, muss man sich fast dafür entschuldigen. Und umgekehrt. Niemals könnte man zugeben, dass die jeweils andere Stadt ihre guten Seiten hat, ohne sofort auch die schlechten aufzuzählen. Es ist ungefähr so, als hätte eine Stadt der anderen vor geraumer Zeit etwas gestohlen und die andere Stadt ihr nie verziehen. Ich selbst habe zehn Monate in Glasgow gelebt. Wenn ich heute als Touristin nach Schottland reise, verbringe ich aber mehr Zeit in Edinburgh. Immer wieder habe ich deshalb einen Hauch von schlechtem Gewissen, weil ich „meinem" Glasgow nicht treu bleibe. Zugegeben, für Touristen ist Edinburgh attraktiver.

Imposant versus verspielt

Es mag einen ob dieser uralten Kontroverse sehr wundern, dass die beiden Städte nicht einmal eine Autostunde voneinander entfernt liegen. Alle 15 Minuten fährt ein Zug zwischen den Metropolen hin und her, dazu kommen ebensoviele Busse. So manch ein Glaswegian pendelt nach Edinburgh und umgekehrt. Dennoch, wenn man in der jeweils anderen Stadt aus dem Zug aussteigt, ist man beinahe in einer anderen Welt.

Edinburgh

Glasgow

Vom Erscheinungsbild sind die beiden Städte grundverschieden. Edinburgh besitzt einen mittelalterlichen Stadtkern, der von einer Burg überragt wird, und eine georgianische New Town, ein vor etwa 200 Jahren neu angelegtes Stadtviertel mit klaren, symmetrischen Formen, eindrucksvoll, aber schlicht. Wenn man aus Glasgow kommend in Waverley aus dem Zug steigt, dann muss man doch zugeben, dass Edinburgh imposant ist, und zwar ohne dadurch an Behaglichkeit und Idylle zu verlieren.

Glasgow hingegen hatte seine Blütezeit im 19. Jahrhundert, in viktorianischer Zeit. Die Straßen im Zentrum sind geradlinig und rechtwinkelig, die Gebäude verspielt und blumig mit Säulen, Erkern, Kopien der Gotik und der Antike. Zwischen griechischen Tempeln, venezianischen Palästen und Jugendstilgebäuden findet man aber zahlreiche baufällige Ruinen, vernachlässigte Hinterhöfe und schmutzige Gässchen.

Industrie versus Tourismus

Der Reichtum von Glasgow baute auf die Industrie auf. „Clydebuilt" stand einst auf Schiffen und Zügen, die rund um die Welt ihren Dienst taten und in der Stadt am Clyde gebaut wurden. „Clydebuilt" steht auch heute noch stolz auf manchem Produkt, das in Glasgow produziert wurde, zum Beispiel auf Textilien, in Erinnerung an gute alte Zeiten. Krimiautor Ian Rankin erzählt, dass er einmal seine Stereo-Anlage zerlegte und dort den Schriftzug „Clydebuilt" an versteckter

Stelle vorfand. Auch eine Bar, eine Tischlerei und ein Puppentheater sind danach benannt. Der Begriff steht für Qualität und Selbstbewusstsein einer Stadt. Neben Schiffsbau und Schwerindustrie lebte Glasgow auch vom Handel, vor allem mit Tabak. Doch die Wirtschaftskrise der Zwischenkriegszeit machte der Stadt schwer zu schaffen, und der Niedergang der Schwerindustrie in den 1950er- und 60er-Jahren verschlimmerte die Lage. Es gab Armut und Elend, Massenarbeitslosigkeit und undenkbare soziale Verhältnisse. Berüchtigt war das Glasgow Tenement, das Stadthaus, in dem oft ganze Großfamilien in einem einzigen Zimmer ohne Toilette hausten. Die Wirtschaft ging den Bach hinunter, und beinahe hätte sie eine ganze Stadt mit sich gezogen.

Doch Glasgow hat die Gabe, die Lage selbst in die Hand zu nehmen und trotz der schlechten Zeiten immer wieder Stärke zu zeigen. Als Lösung für die katastrophalen Zustände in den Tenements sah man in den 1960er- und 70er-Jahren den Bau von modernen Hochhaustürmen. Ganze vertikale Vorstädte aus Beton wurden in die Höhe gezogen und die Menschen umgesiedelt. Apartments im zwanzigsten Stock mit modernen Küchen und Bädern waren damals der letzte Schrei; mittlerweile sind die Tower Blocks in die Jahre gekommenen, die einstigen Vorzeige-Viertel sind zu Ghettos verkommen und die Ideen des modernen sozialen Wohnbaus haben sich zum Glück etwas verändert. Aber Glasgow hat bewiesen, dass es seine Probleme immer wieder aufs Neue angeht: Es wird revitalisiert, erneuert und aufpoliert, und es werden Hochhäuser gesprengt. Man spürt die Bemühungen einer Stadt, aus dem Schattendasein – dem Schatten Edinburghs – herauszutreten. Glasgow profiliert sich nicht nur mit Wohnbau-Projekten, sondern mit markanten neuen Gebäuden gestaltet von namhaften Architekten (Clyde Auditorium von Norman Foster, Riverside Museum von Zaha Hadid), mit renommierten internationalen Veranstaltungen (Commonwealth Games 2014), und nicht zuletzt mit der Hinterlassenschaft des Charles Rennie Mackintosh, eines wichtigen Vorreiters des Jugendstils und der Moderne.

Edinburgh hingegen trafen diese Probleme nie im selben Ausmaß. Seine Wirtschaft basierte auf Handel, Bankenwesen und Verwaltung, und nur zu einem geringen Anteil auf Industrie. Edinburgh war und ist irgendwie eine Hauptstadt ohne eigenen Staat. Heute ist der größte Wirtschaftsfaktor der Tourismus. Dem entsprechend besinnt man sich hier auf Geschichte, Tradition und Folklore. Nirgendwo auf der Welt ist die Dichte an Souvenirshops höher, an jeder Ecke hört man Dudelsack-Klänge, sieht Kilts und Tartans und Whisky-Läden. Die Bewohner Edinburghs sind Weltmeister im Vermarkten ihrer Kultur. Das Military Tattoo wurde zur Großveranstaltung aufgeblasen und lockt jährlich zehntausende Besucher aus aller Welt an. Das klassische Kulturfestival im Sommer wird noch übertroffen vom Fringe Festival, dem zur selben Zeit stattfindenden alternativen Festival für junge Künstler aus den Bereichen Theater, Musik und Kabarett. Die Stadt wird zum Getümmel der internationalen Kulturszene.

Sogar Edinburghs Hogmanay, die Silvesterfeierlichkeiten, sind weit über die Grenzen hinaus bekannt. Man weiß hier eben zu feiern und vor allem damit Gäste anzulocken.

Weltkulturerbe versus Kulturhauptstadt

Alt- und Neustadt von Edinburgh wurden 1995 zum UNESCO Weltkulturerbe erklärt. Aber auch dem kann Glasgow etwas entgegensetzen: Es war 1990 Kulturhauptstadt Europas. Auch hier bewies die Stadt am Clyde ihre Stärke und brachte die nötigen Investitionen fast zur Gänze selbst auf. 1983 startete man eine Werbe-Kampagne, die das Image der Stadt verbessern sollte: Ein Bild eines personifizierten Smileys, der Comic-Figur *Mr. Happy*, mit dem Slogan „Glasgow's Miles Better", verbreitete Optimismus und eine neue Sichtweise auf die Stadt. „*Miles better* als was?", könnte man sich fragen. Dies scheint wohl eine Anspielung auf Edinburgh und seine *Royal Mile* zu sein. Auch damals definierte sich Glasgow gerne als Gegensatz zu Edinburgh. "Edinburgh! A castle, a smile and a song...One out of three isn't bad", lacht man über den östlichen Konkurrenten. Man hat stets das Gefühl, die Stadt am Clyde will bewusst nicht so sein wie der Erzrivale: Souvenirshops findet man in Glasgow zum Beispiel fast überhaupt nicht, als wäre es Absicht. Man kann den Slogan aber auch als „Glasgow smiles better" lesen. Hoffentlich nicht erinnern soll er an den „Glasgow Smile", eine Foltermethode, bei der die Mundwinkel eingeschnitten werden (übrigens der Name einer österreichischen Rockband). Meilensteine in dieser Kampagne waren nicht nur die Ernennung zur Kulturhauptstadt, sondern auch das sehr erfolgreiche International Garden Festival 1988, veranstaltet in den stillgelegten Schiffswerften.

Lokales Derby

Auch sprachlich sind Glasgow und Edinburgh fast zwei Welten. Das liegt daran, dass die zahlreichen irischen Einwanderer, die sich im 19. Jahrhundert großteils im Westen niederließen, im dortigen Dialekt ihre Spuren hinterließen. Sie brachten auch ihre Religion, den Katholizismus, mit sich und gründeten ihre eigenen Clubs, ihre eigenen Siedlungen und Schulen. Es entwickelte sich eine Art irisch-katholische Sub-Kultur, die im 20. Jahrhundert durch katholische osteuropäische Einwanderer noch einmal verstärkt wurde. Bis heute hat sich diese Rivalität vor allem im Fußball gehalten. Wenn die beiden lokalen Vereine Celtic (katholisch) und Rangers (protestantisch) in Glasgow ein Derby spielen, dann geht sicherlich niemand hin, weil er sich einfach nur für Fußball interessiert. Der Konflikt, der hier von Irland aus übergeschwappt ist, wird in Glasgow in Form von rivalisierenden Fußball-Fanclubs ausgetragen. Das geht so weit, dass Kinder in der Schule ihre Hefte weder grün noch blau einbinden wollen, weil man die Farbe dann mit einer der Vereinsfarben der Fußballclubs (Grün für Celtic, Blau für Rangers) identifizieren würde und man automatisch einem der beiden Lager zugeordnet würde. Dieser Konflikt hat sich inzwischen so weit verselbstständigt, dass er meiner Einschätzung nach mit der ursprünglichen religiösen oder auch rassistischen Dimension nicht mehr viel zu tun hat. Meiden sollte man jedoch gewisse Viertel an Spieltagen und das Tragen blauer oder grüner Sachen an solchen Tagen. Ebenfalls meiden sollte man die sogenannten *Orange Marches*, Kundgebungen der UK-treuen protestantischen Gruppierungen, bei denen es immer wieder zu Zwischenfällen kommen kann. Auch die Farbe Orange ist daher in Glasgow mit Vorurteilen behaftet.

In Edinburgh gibt es ebenfalls zwei Fußball-Clubs: Die Hibs oder Hibernians (katholisch), und die Hearts (Heart of Midlothian, protestantisch). *Heart of Midlothian* war übrigens ein Tanzsaal und ein Roman von Sir Walter Scott, dessen Name sich auf ein 1917 abgerissenes Gefängnis samt Hinrichtungsstätte begründet. An der Stelle des ehemaligen Gefängnisses auf der Royal Mile findet man heute ein ins Kopfsteinpflaster eingearbeitetes Herz. Ob sich der Fußballclub nach dem Tanzsaal oder dem Gefängnis benannte, sei dahingestellt. Der Konflikt zwischen katholischen und protestantischen Fußballfans erreicht aber in Edinburgh nicht einmal annähernd die Ausmaße wie in Glasgow.

Die beiden Städte in Zahlen

Hier noch ein paar interessante Statistiken: zuallererst das Wetter: Jährlichen 668 mm Regen in Edinburgh stehen 1109 mm Regen in Glasgow gegenüber. Unterschätzen sollte man allerdings an der Ostküste nie den Wind. In Glasgow stimmten im Referendum zur Unabhängigkeit 55 Prozent mit „Yes!“, in Edinburgh nur 39 Prozent. Glasgow führt immer noch die Liste der Städte mit den meisten Tötungsdelikten, Messer-Attacken und Verbrechen in Zusammenhang mit Gangs an. Die Anzahl der Morde hat sich jedoch in den letzten 15 Jahren halbiert. Edinburgh führt die UK-Statistiken bei der Anzahl der Bäume pro Einwohner, bei der Zahl der Eigentumswohnungen und -häuser sowie bei den Hauspreisen (zweiter Platz gleich nach London) an. Beide Städte haben ein großes Problem mit Alkohol (fast acht Prozent der Bevölkerung sind angeblich Alkoholiker), mit Drogenkonsum und damit verbunden mit der Anzahl der HIV-Infektionen (hier steht Edinburgh seit Jahren an der Spitze, Glasgow liegt aber nicht weit ab). Es gibt in beiden Städten Viertel, die man lieber meiden sollte, weil dort sogar Taxifahrer sich weigern, stehen zu bleiben. In Glasgow sind diese Viertel häufiger und viel offensichtlicher. Die Weegies gelten als unglaublich freundlich, aber auch als unkontrolliert aggressiv, wenn man sie am falschen Fleck erwischt. Beide Städte haben auf jeden Fall ihre guten und ihre schlechten Seiten. Jedem Touristen würde ich den Besuch Edinburghs nahelegen. Glasgow hingegen sollte man nur besuchen, wenn man sich auf seine bewegte Geschichte und sein besonderes Flair einlassen möchte. Wer in die Lebenswelt Glasgows in Vergangenheit und Gegenwart eintauchen möchte, dem sei der Besuch des People's Palace Museum im Glasgow Green zu empfehlen. Und an einem der vielen Regentage das Café im angeschlossenen Glashaus.

People's Palace Museum im Glasgow Green

Männer im Kilt (Blackwatch und Ferguson modern Tartan)

Über und unter dem Schottenrock

Was macht den Kilt innerhalb und außerhalb Schottlands so beliebt?

Erstens, man fällt damit garantiert auf, vor allem bei den Damen. Damit ein Mann im Kilt aber wirklich gut aussieht, darf er ruhig stämmig sein und stramme Waden haben. Der Kilt gibt Männern die Gelegenheit, sich mal so richtig „aufzustylen". Und keiner soll behaupten, Männer würden das nicht auch ab und zu gerne machen. In früheren Zeiten konnte man seinen ganzen Körper in einen Kilt einwickeln, es war also ein durchaus praktisches Kleidungsstück ob des schottischen Wetters. Schließlich setzte sich die „Rock"-Version durch. Sie ist gleichzeitig warm und luftig, und auch zum Arbeiten, Tanzen etc. geeignet.

Die US-Amerikaner und Kanadier haben ein unbeschreibliches Bedürfnis, ihre schottischen Wurzeln zu finden und diese nach außen zu zeigen, durch ein entsprechendes Clan-Outfit. Seit den 1970er-Jahren haben außerdem Punks dem Tartan zu noch mehr Popularität verholfen. Nicht der Tartan selbst, sondern das unorthodoxe Tragen dieses Kleidungsstücks (z. B. kurz und sexy oder mit Schnürstiefeln) galt als „Anti-Establishment"-Symbol.

Von 1746 bis 1782 war in Schottland das Tragen des Kilts – nachdem Bonnie Prince Charlie in der Schlacht von Culloden verloren hatte – bei Strafe verboten. In typisch schottischer Sturheit sagten sich die Highlander: Jetzt erst recht. Der Kilt wurde zum neuesten Schrei in der Mode: 1822 tauchte sogar König George IV. beim Schottlandbesuch im Kilt auf. Darunter trug er rosa Strumpfhosen (hätte ich gerne gesehen).

Mythos oder Wahrheit?

Was trägt der Schotte unterm Kilt? Stellt man diese Frage einem Schotten, hört man als Antwort meist: „Die Zukunft Schottlands." Manchmal verraten sich die Herren selbst, wenn sie im Sitzen die Knie etwas zu weit öffnen, oder beim Ceilidh-Tanzen der Kilt so richtig schön schwingt. Als Herr ist man es einfach nicht gewohnt, einen „Rock" zu tragen. In den 1950er und 60er Jahren durften Herren im Kilt in Straßenbahnen nicht die obere Etage benutzen; sie könnten ja vielleicht die Passagiere der unteren Etage schockieren.

Heute hört man oft, jeder Clan habe seinen Tartan (das heißt sein eigenes Kiltmuster), und man erkenne die Clanzugehörigkeit am Kilt. In früheren Zeiten wurden in jeder Region andere Webtechniken und Garne und andere Pflanzen zum Färben verwendet, und somit unterschieden sich die Muster. Aufwendige Muster ließen auf Träger mit besonderem Status oder Reichtum schließen. Die Zuordnung der Muster zu bestimmten Clans geschah erst viel später; dennoch berufen sich viele Schotten und vor allem Amerikaner auf ihren Familientartan. Heutzutage gibt es tausende registrierte Muster. Fast jeder Verein und jede Firma hat ihren eigenen Tartan. Und man kann sich auch ein eigenes Tartan-Muster entwerfen lassen.

Tragen eigentlich auch Damen einen Kilt? Viele Produzenten historischer Gewandung für diverse Zwecke berufen sich auf Bücher aus dem 19. Jahrhundert, die die traditionelle schottische Tracht beschreiben. Diese Bücher, allen voran das *Vestiarium Scoticum* der Brüder Sobiesky und Hay, entsprangen eher romantischer Verklärung als historischer Wahrheit. Und die Produzenten dieser Gewänder wollen natürlich ihre Kleidungsstücke verkaufen. Konkrete Anhaltspunkte fehlen weitgehend. Es ist jedoch anzunehmen, dass Stoffe mit Tartan-Mustern nicht nur den Männern vorbehalten waren. Auch Damen wickelten sich in ein wollenes, schön gemustertes Überkleid. Auf Hochzeiten tragen Damen meist Kleider, die mit einer Tartan-Schärpe dekoriert sind. Heute gibt es Kilts für Damen, in unterschiedlichen Längen von kurz und sexy bis knöchellang und bieder. Allerdings wird eine Dame, die im Kilt auftritt, nie denselben Effekt hervorrufen wie ein Herr.

Nicht jeder Schotte hat einen Kilt. Nein, Schotten tragen den Kilt nur zu besonderen Anlässen, zum Beispiel zu Hochzeiten, Tanzabenden, Rugby- und Fußballspielen und Ähnlichem. Viele Schotten leihen sich ihr Outfit zu diesen Gelegenheiten aus, von Verwandten oder Freunden oder einem Kilt-Verleih. Wenn man in den Straßen Edinburghs einen Mann im Kilt sieht, dann ist er entweder vom Fremdenverkehrsamt engagiert, oder es steigt an diesem Tag ein Rugby-Match, oder er ist ein Tourist, der fürchtet, dass er zu Hause nicht genug Gelegenheit hat, seinen Kilt zu tragen.

Das perfekte Outfit

Ein Kilt alleine macht noch keinen Schotten. Die wichtigsten Accessoires sind der Sporran, die „Kilt hose", die Flashes, der Gürtel, das Hemd, die Kiltnadel und der Sgian Dubh. Der Sporran ist das kleine Täschchen, das man an einer Kette vorne im Schoß trägt (nicht zu hoch, sonst könnte es unangenehm werden). Darin kann man allerhand Nützliches verstecken, zum Beispiel einen Flachmann mit Whisky. Sporrans gibt es in allen Ausführungen, vom einfachen Lederstück über echte und unechte Fellvarianten bis hin zu halben Tierköpfen, je nach Geschmack.

Reich verzierter Fell-Sporran

Für so manchen Kiltträger ist der Sporran ein mindestens genauso wichtiges Stilelement wie für eine Dame die Handtasche.

junger Mann im Kilt, MacKenzie Weathered Tartan

„Kilt hose“ ist keine Hose, sondern die besonders langen Stutzen, meist in Schwarz oder Weiß. Man legt das Gummiband der Flashes (Stoffstreifen im selben Tartan wie der Kilt) um die Wade und schlägt den Strumpf einmal um, so dass nur noch die Spitzen der Flashes hervorschauen. Unter das Gummiband steckt man nun den Sgian Dubh, das kleine Messer. Den Rock wickelt man sich derart um den Leib, dass die glatte Seite vorne ist. Die Kiltnadel ist dazu da, das lose Stoffende vorne zu beschweren, damit es nicht beim kleinsten Windstoß hochfliegt. Man steckt damit aber nicht etwa die beiden Lagen an Stoff zusammen. Kiltnadeln gibt es in unzähligen Designs, von der einfachen Riesen-Sicherheitsnadel bis zum kunstvollen Silberschwert. Mit einem passenden Gürtel und Hemd ist das Outfit schon alltagstauglich.

Will man die perfekte Aufmachung für den besonderen Anlass, so kann man noch einige Stücke hinzufügen: ein weißes Hemd mit Mascherl oder auch ein Hemd mit „Jabot", einer Art Rüschenkragen; ein Gilet und ein Sakko. Hier gibt es verschiedene Varianten, zum Beispiel die „Argyle jacket" (etwas flexibler, was Hemd und Krawatte/Mascherl darunter betrifft) oder den „Prince Charlie". Natürlich braucht man auch die passenden Schuhe, die sogenannten „Ghillie brogues". Das Wort „ghillie" steht für die Schnürung. Der Eitelkeit und Bereitschaft, Geld auszugeben, sind hier keine Grenzen gesetzt. Etwas lässiger und trotzdem in historisch schottischer Tradition ist man mit einem „Ghillie shirt", also einem oben geschnürten Hemd gekleidet. In jedem Fall sollte der Herr mit circa einer halben Stunde „Ankleidezeit" rechnen. „Endlich braucht der Herr einmal länger!", können darüber die Damen nur lachen.

Wenn du in Edinburgh einen Kilt kaufen möchtest, achte darauf, dass du im Billigflieger dadurch nicht die Gewichtsbeschränkungen beim Gepäck überschreitest und dass du Sgian Dubh und Kiltnadel nicht im Handgepäck hast. Entscheide dich, ob du echte schottische Qualität in Wolle möchtest, wo die Falten schmal und dem Muster angepasst sind (8 yards, das sind über 7 Meter Stoff), oder ob Synthetik und „made in China" auch ausreichen. Überlege dir außerdem, welche Accessoires du brauchen wirst. Besitzt du Trachtenschuhe oder „Budapester", die du zum Kilt anziehen könntest? Wie sieht es mit Hemd und Stutzen aus?

Ein Besuch in der Geoffrey (Taylor) Tartan Weaving Mill am Anfang der Royal Mile, gleich in der Nähe der Burg, ist auf jeden Fall empfehlenswert. Man sollte allerdings keine Panik bekommen, denn – ähnlich wie bei Ikea – wird man durch das ganze Geschäft und mehrere Etagen mitsamt Schau-Weberei geleitet, verliert dabei jede Orientierung und kann auch nicht umkehren. Man bekommt hier Kilts in guter Qualität, auch für Damen, in verschiedenen gängigen Tartans, vielen Längen und Größen. Für das kleinere Reisebudget ist es jedoch ratsamer, einfach zu schauen und zu genießen. Man könnte hier auch die ganze Familie im Tartan-Outfit fotografieren lassen. Das Gebäude war übrigens einst das Wasser-Reservoir von Edinburgh.

Die meisten Kilt-Hire-Shops verkaufen auch gebrauchte Modelle. Es lohnt sich also, in *Google Maps* einmal „Kilt-Hire Edinburgh" einzugeben und ein entsprechendes Geschäft aufzusuchen. Auch in Second-Hand-Shops hat man die Möglichkeit, einen Kilt in guter Qualität zu einem „schottischen" Preis zu ergattern. Allerdings muss man hier bei Weite und Länge einfach Glück haben. Auch synthetische Kilts in Souvenir-Shops gibt es nur in Einheitslängen. Sie sind aber durchaus die richtige Option, wenn man nur ein Faschingskostüm oder einen Spaß-Kilt zum Fortgehen möchte. Solche Party-Kilts sind ab circa 30 Pfund erhältlich, und dann ist es auch nicht allzu schlimm, wenn man einmal Bier verschüttet. Ein etwas schwererer Kilt aus mehr Stoff – immer noch Kunstfaser – aber durchaus auf den ersten Blick passabel aussehend, ist um etwa 50 Pfund zu haben (Preise variieren je nach Saison). Hier empfiehlt es sich, die Royal Mile etwas weiter hinunterzuwandern oder auf die Southbridge abzubiegen, denn die Preise werden mit größerer Entfernung zur Burg niedriger, und die Verkäufer stammen mit höherer Wahrscheinlichkeit aus fernen Ländern. Man sollte daran denken, möglichst das ganze Outfit im Set zu kaufen. Ein Sporran gehört jedenfalls zur Mindestausrüstung.

Was ist nun die richtige Länge für den Kilt? Als man beim schottischen Heer ganze Regimenter damit ausstattete, ließ man die Soldaten niederknien. Der Kilt sollte nun knapp über dem Boden enden. Dies war die schnellste Methode, um die passende Länge ungefähr zu bestimmen. Um im Kilt-Geschäft nicht niederknien zu müssen, empfiehlt es sich, die Länge schon mal vorab zu messen. Man misst von Gürtel-Oberkante bis Mitte der Kniescheibe, natürlich in Zoll. Ein Kilt sollte die Kniescheibe nicht ganz, aber zum Großteil verdecken. Für Damen gibt es Längen mini, midi (nicht überall erhältlich) und maxi, für jedes Alter und jede Figur das Passende. Kilt-Größen entsprechen übrigens nicht unseren Hosengrößen. Kilt-Größe 36 wäre ungefähr Hosengröße 32. Der Bund des Kilts ist etwas flexibel, aber Anprobieren ist immer die beste Option.

Wo kann man zu Hause einen Kilt tragen?

Nicht nur im Fasching. Auf einer Hochzeit kann man mit einem edlen Kilt-Outfit auffallen. Es gibt aber auch andere Events, wo man im Schottenrock passend gekleidet ist: bei Highland Games, die auch im deutschsprachigen Raum inzwischen sehr verbreitet sind, beim Bogenschießen, bei Golfturnieren im Kilt, bei Whisky-Verkostungen oder Messen, bei historischen Festen und Burgfesten, bei Dudelsack-Veranstaltungen, wenn Schottland im Fußball spielt oder man im Pub Rugby schaut, bei keltischen Festen, bei Konzerten von schottischen oder irischen Folk-Bands, bei Burns' Night Feiern (zu Ehren des schottischen Nationaldichters Robert Burns am 25. Jänner) und Saint Andrew's Day Veranstaltungen (Tag des schottischen Patrons am 30. November). Diese werden von Highlander-Vereinen, Dudelsackbands, Whisky-Clubs, der Robert Burns Society, schottischen Tanzgruppen und so weiter veranstaltet. Und natürlich zu einem schottischen Ceilidh (sprich: „Keli") – einer traditionellen Tanz- und Musikveranstaltung. Auch diese gibt es wegen ihrer Beliebtheit bei Jung und Alt weit über die Grenzen Schottlands hinaus. Kurz, Gelegenheiten gibt es viele, wenn man sich nur dafür interessiert. Die schottische Kultur ist auch in unseren Breiten sehr populär, und wenn man einen Kilt besitzt, dann sollte er ja nicht nur im Schrank hängen.

Arthur's Seat

Die Steine sprechen zu uns – Geologie Edinburghs

Vulkane, Fossilien, Ölschiefer und Kohle, Sandstein, Kalk, Sümpfe, Seen und Meeresarme sind Relikte einer Geschichte, die viel älter ist, als wir Menschen es uns vorstellen können. Die Geologie ist nicht nur unter der Erde begraben, sie ist überall sichtbar und prägt eine Region mehr, als man glauben möchte. Edinburgh und seine Umgebung sind ein Paradies für jeden Geologen. Ein kurzer Blick auf die Steine – und das, was sie uns zu sagen haben – hilft auch dem Laien, das einzigartige Stadt- und Landschaftsbild dieser Region zu verstehen.

Was wäre Edinburgh ohne seine stolzen Erhebungen, allen voran der Burgberg und der Arthur's Seat mit den steil abfallenden Felswänden der Salisbury Crags? Stolz thronen sie über der Stadt und machen es uns auch bewusst, dass sie der Witterung, der Erosion und dem menschlichen Werk trotzen und in Millionen von Jahren noch immer genauso stolz die Landschaft prägen werden. Wie Rom wurde auch Edinburgh auf sieben Hügeln erbaut: Calton Hill, Corstorphine Hill, Craiglockhart Hill, Braid Hill, Blackford Hill, Arthur's Seat und Castle Rock. Die Hügel Edinburghs sind vulkanischen Ursprungs. Basalt und Tuffstein bilden auch den weithin sichtbaren Berwick Law 25 Meilen weiter östlich in North Berwick und die markanten Inseln im Firth or Forth, insbesondere Bass Rock.

Den Arthur's Seat kann man von mehreren Seiten erklimmen, die Wanderungen zum 251 Meter hohen Gipfel dauern – je nach Ausgangspunkt – 20 Minuten bis 2 Stunden. Es lohnt sich allemal, vom Holyrood Palace direkt unterhalb der steilen Klippen der Salisbury Crags entlangzuwandern und den Ausblick auf die Stadt zu genießen. Von dort aus kann man weiter auf den Gipfel aufsteigen, durch eine Heidelandschaft, wie man sie eigentlich nur in den Highlands vermutet, weit weg vom Lärm der Stadt. Dann steigt man den kurzen Weg zum Duddingston Loch hinab, um schließlich im „Sheep Heid Inn“ einzukehren. Ein Pub diesen Namens ist in Duddingston seit 1360 nachgewiesen. Woher der Name kommt? Schafsköpfe waren früher eine lokale Spezialität, da die im Holyrood Park weidenden Schafe dort geschlachtet wurden und die Köpfe sich auf dem Viehmarkt schlecht verkauften, weshalb sie den Einheimischen blieben. Im Pub serviert man heute andere saisonale Spezialitäten, und es empfiehlt sich zu reservieren, da es recht voll werden kann. Man findet dort sogar einen kleinen Gastgarten im Hof.

Pub „Sheep Heid Inn“ in Duddingston

Wenn man am Arthur's Seat steht, staunt man erst einmal über den imposanten Ausblick über die Stadt und den Firth of Forth. Andächtig und fast überwältigt steht man da und wird sich der eigenen Vergänglichkeit bewusst. Man kann James Hutton nachfühlen, der hier im 18. Jahrhundert stand und über die Zeit nachdachte. Die Kirche hatte ihn gelehrt, dass die Schöpfung der Erde laut Bibel etwa um 5500 v. Chr. geschah. Doch hier auf dem Arthur's Seat begann er daran zu zweifeln, denn die Steine sprachen zu ihm. Gesteinsschichten hatten sich überlagert, ineinandergeschoben, geneigt und verformt, und dem Naturforscher wurde klar, dass diese Formung über unsäglich lange Zeiträume hinweg geschehen war. Hatte die Bibel doch nicht recht? Für Geologen besonders interessant ist hier die sogenannte „Hutton's Section", eine der Stellen, an denen Hutton seine damals revolutionäre Theorie veranschaulichen konnte, und so den Grundstein der modernen Geologie legte.

Auch der Berwick Law in North Berwick ist den eher beschwerlichen Anstieg wert. Man wird mit einem herrlichen Ausblick auf den Firth of Forth und die Inseln belohnt. Alternativ kann man eine Bootstour vom Seabird Centre im Ort zu Bass Rock und Craigleith (gälisch für „grauer Fels") unternehmen, wo man neben eindrucksvollen Basalt-Formationen und Höhlen unzählige Wasservögel und auch Robben bewundern kann. Tonnenweise Vogeldreck lassen den markanten Felsen Bass Rock – mit seinem früheren Gefängnis – in der Sonne weiß glänzen. Vom flotten Motorboot aus hat man

Der Vulkanfelsen Bass Rock

auch einen außergewöhnlichen Ausblick auf Tantallon Castle auf den Klippen etwas weiter östlich.

Während Vulkanfelsen die Landschaft prägen, wird das Stadtbild von Edinburgh durch Sandstein geprägt. Seen und Flüsse lagerten hier Sand und Geröll ab, die zu Gestein verdichtet wurden. Dieser Stein aus den Steinbrüchen in und um Edinburgh diente über die Jahrhunderte als Baumaterial für die Burg, für Holyrood Palace, für Kirchen, Bürgerhäuser, die New Town und die Docks im Hafen Leith. Ab und zu findet man sogar Gebäude aus rostrotem Sandstein, die ansonsten in Glasgow verbreiteter sind (rostrot im wahrsten Sinne des Wortes, denn die Färbung entsteht durch Eisenoxyd).

Auf dem Rücken des Burgberges, wo sich das von Stadtmauern geschützte mittelalterliche Edinburgh befand, gab es schon sehr bald Platzmangel. Ab Ende des 16. Jahrhunderts begannen Adelige und Kaufleute, ihre Häuser aus Stein zu bauen, und was blieb ihnen anderes übrig, als in die Höhe zu bauen? Schon ein halbes Jahrhundert später gab es in Edinburgh die ersten Häuser mit zehn Stockwerken. Doch es herrschten auch die besten Voraussetzungen für den Bau von Hochhäusern: Es gab zahlreiche Vorkommen von Kalk in der Umgebung, der gebrannt und zu Mörtel verarbeitet wurde. Mancherorts findet man noch die Überreste alter Brennöfen, „lime kilns“. Der Kalk diente außerdem in der Landwirtschaft als Dünger und wird heute noch zur Zementproduktion verwendet. Er enthält fossile Reste von Muscheln und Getier, die

– für den Geologen interessant – mancherorts aus maritimen, andernorts aus Süßwasser-Ablagerungen stammen.

Bei trübem Wetter erscheinen die Sandstein-Fassaden Edinburghs in verschiedenen Schattierungen von Grau. Die Stadt wirkt trist und farblos, das „Graue Athen des Nordens". Doch wenn die Sonne hervorkommt, entwickelt dieser Sandstein Nuancen von Gelb, Braun und warmen Rottönen. Die Stadt scheint wie verwandelt, warm schimmernd und fast farbenfroh. Aus „50 Shades of Grey" wird plötzlich „50 Shades of Gold", und es scheint als hätte die Stadt ihren Charakter verändert. Besonders fröhlich wirken auch die Kiesstrände mit ihren runden und länglichen, schön geschliffenen Sandstein-Kieseln in allen Farben von ockergelb über schneeweiß, von anthrazit über altrosa bis dunkelrot.

Man kann sich kaum vorstellen, dass die Lothians rund um Edinburgh einst von tropischen Regenwäldern und Sümpfen bedeckt waren. Doch die verrottenden Überreste dieser Vegetation wurden unter hohem Druck verdichtet und lagerten sich in Form organischer Schichten im Gestein ab: Kohle- und Ölschiefer-Vorkommen prägten die Geschichte der Lothians. Sie brachten Arbeit und Reichtum, Zuwanderer, Arbeitersiedlungen und verarbeitende Industrie, und der Bergbau hinterließ Spuren in der Landschaft. Als dieser Wirtschaftszweig nicht mehr rentabel genug erschien, brachte er Arbeitslosigkeit und Armut.

Sandstein-Fassaden in Edinburgh

Sandstein-Fassaden in Edinburgh im Sonnenlicht

Scottish
Art
People, Places, Ideas

Von 1851 bis 1962 wurde Ölschiefer abgebaut. Oben abgeflachte Halden aus rotem Sandstein zeugen von einstigem Ölschiefer-Bergbau, doch immer mehr von ihnen werden heute planiert. Schließlich wurde die Konkurrenz des Erdöls aus der Nordsee zu groß und die mühsame Gewinnung von Öl aus dem Gestein zu ineffizient. Die Geschichte des Öls kann im Almond Valley Heritage Trust Museum in Livingston bestaunt werden. Dort gibt es auch eine historische Farm, eine Schmalspurbahn und reichlich Kinderprogramm.

Bis 2003 wurde in Midlothian, wie auch in Fife nördlich des Firth of Forth, Kohle abgebaut. Die Halden des Kohle-Bergbaus erkennt man an ihrer dunkelgrauen Farbe und Kegel-Form. Kohle und Öl wurde unter anderem für die Gewinnung von Salz aus Meerwasser verwendet, in großen Pfannen über Feuer, wie uns der Ortsname „Prestonpans“ noch verrät. Zunehmend heizten die Menschen in Edinburgh ihre Häuser mit Kohle. Man kann sich den Geruch und die verrauchten Straßen lebhaft vorstellen, die der Stadt den Namen „The Auld Reekie“ einbrachten.

Erst die letzte Eiszeit verlieh der Gegend um Edinburgh ihren besonderen Schliff: Die Gletscher, die sich im Zeitlupentempo in Richtung Nordsee schoben, gerieten an eine Engstelle zwischen den harten Vulkanfelsen bei North- und South-Queensferry. Und so gruben sie sich bis zu 75 Meter tief in den Boden hinein. Sie hinterließen einen Fjord, der sich mit Meerwasser füllte: den Firth of Forth. Elf Inseln, allesamt aus hartem vulkanischen Gestein, trotzten dem Glattschliff der Gletscher und ragen an die Oberfläche. Drei monumentale Brücken überspannen den Meeresarm. Was wäre Edinburgh ohne seinen Hafen Leith, ohne seine Strände Cramond und Portobello Beach? Ohne eine steife Brise vom Meer, ohne seine Sandstein-Skyline und seine Vulkanfelsen? „Edinburgh Rock“ ist nicht nur eine traditionelle Süßigkeit aus Zucker, Wasser, Weinstein und Farbstoffen, sondern ein besonders hartnäckiger Stein, der dem Zahn der Zeit trotzt und eine zeitlose, beständige Stadtlandschaft geschaffen hat.

Kaffee(haus)kultur

Großbritannien gilt als Land des Tees. Doch wie sieht es mit Espresso, Cappuccino und Cafè Latte im Schottland-Urlaub aus? Gibt es Lokalitäten, die mit unseren Kaffeehäusern vergleichbar sind? Und wie erkenne ich von außen, was mich innen erwartet? Kaffeespezialitäten, Kuchen und Snacks, die verschiedenen Typen von Cafés und was man darüber wissen sollte.

Kaffee oder Tee?

In Österreich haben geschätzte 90 Prozent der Haushalte eine Kaffeemaschine und vielleicht zehn Prozent einen Wasserkocher. In Großbritannien ist das Verhältnis umgekehrt. In jedem Hotel- oder B&B-Zimmer gehört ein Wasserkocher zur Standard-Ausrüstung, und man kann sich jederzeit eine Tasse Tee oder Löskaffee machen. Obwohl die Briten immer schon als die Tee-trinkende Nation bekannt waren und Kaffee einst ein elitäres Männergetränk war, hat in den letzten Jahrzehnten ein langsamer Wandel begonnen. Kaffee ist in, die Begriffe „café" und „coffeehouse" haben den traditionellen „tearoom" schon beinahe abgelöst. Vor allem zu Hause trinken die Briten aber immer noch gerne ihren Tee, und die Anzahl der Kaffeemaschinen wird die der Wasserkocher mit Sicherheit nie einholen. Nicht zuletzt dank Ikea verbreitet sich aber schön langsam richtiger, d. h. nicht löslicher Kaffee, der in Glaszylindern mit heißem Wasser aus dem Wasser-

Kaffee-Pause in Elie mit Blick aufs Meer

kocher übergossen und dann mit einem Kolben nach unten gedrückt wird. Auch beim Frühstück in so mancher Pension wird einem ein solcher gläserner Kaffee-Zubereiter auf den Tisch gestellt.

Wenn man nun unterwegs Lust auf einen Kaffee bekommt, sollte man am besten schon am äußeren Erscheinungsbild einer Lokalität erkennen, worauf man sich einlässt. Darum hier ein grober Überblick über die Arten schottischer Cafés aus der Sicht einer Österreicherin:

Typ 1: Das Billige

Von außen sieht es aus wie ein Geschäftslokal, in der Auslage hängt eine Leuchtreklame, die „open" verkündet, und ein Anschlag des letzten „Food Hygiene Rating". Eine große Aufschrift lässt wissen, dass es hier „All Day Breakfast" gibt. Wagt man einen Schritt zur Tür hinein, kommt einem der Geruch von Frittieröl entgegen. Das typische Innenleben eines

University Café in Glasgow

solchen Cafés sieht in etwa so aus: Mobilar aus stark abgewetzten Spanplattentischen und Kunststoffsesseln. Der Boden ist verfliest, im hinteren Bereich gibt es eine Theke. Auf den Tischen findet man Plastikflaschen mit Malzessig (für die Pommes).

Wenn man hier einen Kaffee bestellt, erhält man Löskaffee. Im besten Falle ist es eine Tasse heißen Wassers mit einem Stick Instant-Kaffee, vielleicht auch noch der Luxus einer Untertasse. In dem kleinen Plastikbehälter dazu ist Haltbarmilch, keine Kaffeesahne. Im miesesten Fall ist der Löskaffee bereits eingerührt. Das bedeutet, dass es sich um die Billigmarke in der Großpackung handelt (es gibt tatsächlich Qualitätsunterschiede bei Löskaffee). Hat man besonders großes Glück, so steht hinter der Theke eine Filtermaschine mit einer Kanne voll Kaffee auf der Warmhalteplatte, seit Stunden.

Die Lösung:

Schwarzen Tee trinken. Auch billige Marken in Schottland schmecken nach mehr als das, was man bei uns im Supermarkt bekommt. Und bloß nicht nach Zitrone fragen! Man kann in solchen Cafés günstig und ausgiebig frühstücken, wenn man es mal deftig möchte. Auch für den Mörderhunger zwischendurch sind sie optimal, vielleicht eine Haggis roll oder doch den kompletten Fry-up? Wenn es draußen so richtig ungemütlich kalt ist, dann ist das sozusagen „comfort food".

Typ 2: Die internationale Kette

Starbucks, Caffè Nero, Costa und so weiter findet man in allen größeren Städten Schottlands und überall dort, wo die Leute sich die etwas überteuerten Preise leisten können oder keine Wahl haben, so zum Beispiel auf Flughäfen. Die Cafés sind als eine Art Lounge konzipiert, mit Lehnsesseln und Sofas, in die man versinkt und nicht so leicht wieder aufstehen kann. Es ertönt dezente Hintergrundmusik und das Licht ist gedämpft. Man muss an der Theke bestellen und bezahlen und dann warten. Hat man „large" oder „tall" bestellt, bekommt man Kaffeespezialitäten in riesigen, Suppenschüssel-artigen Schalen. Dazu gibt es Kuchen, Cookies und Muffins. Meist kann man die Getränke wahlweise auch mit Leichtmilch oder Sojamilch haben.

Die bekannteste Filiale von Starbucks in Edinburgh findet man in der Princes Street, im ersten Stock mit großen, verzierten Glasfenstern und wunderschönem Blick auf Edinburgh Castle und die Princes Street Gardens. Man erzählt, dass J.K. Rowling hier ihren letzten Harry Potter Band geschrieben hat (andere Bände schrieb sie in The Elephant House an der George IV. Bridge und im Balmoral Hotel. Gibt es überhaupt ein Café in Edinburgh, wo sie nicht geschrieben hat? Ja, das Artisan Roast in der Broughton Street proklamiert auf einem Schild, Rowling habe dort nie geschrieben.). Im Sommer ist diese Starbucks-Filiale sehr voll, man steht in der Schlange, und Sitzplätze am Fenster sind schwer zu ergattern. Hier gibt es keine Lehnsessel, denn es ist nicht erwünscht, dass die Touristen lange sitzen bleiben.

Typ 3: Der Tearoom, der sich jetzt Café nennt

Edle Glasfenster zieren die Außenfassade, das Holz um die Fenster ist frisch gestrichen, in Schwarz, Rot, Mintgrün oder Royalblau. Meist ist ein Café dieser Art mit hellen Holzmöbeln eingerichtet, die Wände zieren Bilder aus alten Zeiten. Manchmal ist man auch nicht ganz sicher, ob die Einrichtung im Shabby-chic- oder Retro-Stil oder einfach original alt ist, in jedem Fall ist sie eher geschmackvoll und etwas origineller als in den meisten Cafés bei uns. Es lohnt sich, mal auf die Details zu schauen. Es gibt verschiedene Varianten dieses Cafés, von nobel über traditionell bis modern und leicht alternativ angehaucht gibt es hier alles. Wenn man Glück hat, wird die Bestellung sogar bei Tisch aufgenommen. In solchen Cafés sind netterweise oft Bilder oder Kunsthandwerk lokaler Künstler ausgestellt, ab und zu spielt auch nachmittags unplugged und ganz entspannt Live-Musik noch unbekannter Musiker oder Bands. Hierfür gibt es in Schottland immer und überall eine Szene, und es ist für Talente viel einfacher, ihren Weg auf die großen Bühnen oder in die großen Galerien zu finden als bei uns. Der Kaffee ist hier durchaus trinkbar, doch man könnte auch nach britischer Tradition Tee trinken. Meist wird der Tee in einem Kännchen serviert, vielleicht sogar auf einem eigenen Tablett und mit einer Teehaube. Wie wäre es mit einem Cream Tea, das heißt einem Kännchen Tee, und dazu Scones mit Clotted Cream und Marmelade (Clotted Cream ist ungefähr, was entsteht, wenn man Schlagsahne etwas zu lange schlägt und sie fast zur Butter wird)? Auch das eignet sich hervorragend als „comfort food“ für kalte Tage.

Die Kuchen sind eher süß, mit einer dicken weißen Schicht Zuckerglasur oder Creme bedeckt. Oft findet man auch Fern Cakes (dieselbe weiße Creme diesmal als Fülle einer kleinen Tarte), Caramel Slices (zerstampfte Shortbread-Kekse mit einer Schicht Karamell und einer Schicht Schokolade), Fruit Slices (mit Trockenfrüchten, mit etwas Glück von weißer Zuckerglasur bedeckt), oder Empire Biscuits (eine Abwandlung von Linzer Augen, mit meist nur einem „Auge“ aus kandierter Kirsche und reichlich Zuckerglasur). Schlicht und einfach ein Paradies für besonders zuckersüße Naschkatzen.

Kaffeehäuser dieser Art bieten meist auch kleinere pikante Snacks, besonders um die Mittagszeit. Man isst hier gebundene Gemüsesuppen (z. B. carrot and coriander soup, broccoli and Stilton soup, leek and potato soup, butternut squash soup …) mit einem Brötchen und Butter, oder in der Kombi mit einem Sandwich, getoastet oder auch nicht. Die Speisekarte oder Tafel verkündet oft Lite-Bites (so geschrieben), wobei es sich um nicht unbedingt kalorienarme Snacks vom Sandwich oder Toastie bis zum Jacket Potato oder Burger handeln kann. In ganz modernen Cafés findet man eher Wraps und Paninis. Bestellt man Salat, dann darf man in einfacheren Lokalen keine Marinade aus Essig und Öl erwarten, sondern unmarinierte Blattsalate mit Coleslaw, also Mayonnaise-Salat, oder Sour Cream Sauce. Diese Salate gibt es in unterschiedlichen Varianten, vorzugsweise mit Thunfisch oder Hühnerbrust. Dank Fernsehkoch Jamie Oliver findet man bisweilen auch Cocktailtomaten, gehobelten Parmesan und Rucola, denn mediterran ist modern. Aber auch Jamie hat es noch nicht geschafft, dass bis ins Village Coffee House die Mayonnaise durch Olivenöl und Balsamico-Essig abgelöst wird.

Typ 4: Der Kiosk

Die typisch britischen Polizei-Zellen haben Kultstatus erlangt, als die Zeitmaschine „Tardis" in der Fernsehserie Doctor Who als Tarnung die Form einer solchen Zelle hatte. Sie dienten früher vor allem als Telefonverbindung zur nächsten Polizeistation, mitunter auch als Kurzzeit-Gefängniszelle. Die roten, braunen und blauen Hüttchen haben längst ihre ursprüngliche Funktion verloren, und die wenigen, die erhal-

ten blieben, werden heute zum Teil als Kaffee-Kiosk genutzt. Man findet deren fünf Stück in Edinburgh und vier in Glasgow. Zahlreiche weitere stehen leer oder haben anderweitig Verwendung gefunden, etwa als Mini-Kunstgalerien. Die Steh-Cafés sind bei Touristen als Fotomotiv sehr beliebt.
In jedem größeren Bahnhof findet man außerdem einen oder mehrere Kaffee-Kioske, zum Beispiel von AMT-Coffee oder Pumpkin Café. Einem schnellen Kaffee vor der Abreise, bei AMT sogar bio und fairtrade, steht also nichts mehr im Wege. Soll es nun ein „Tall Latte" (großer Cafè Latte) oder ein „Americano" (Filterkaffee) sein? Oder doch lieber ein typisch britischer Tee? Ein heißes Getränk bekommt einem beim eher kühlen schottischen Wetter garantiert immer wieder gut.

'é Kiosk in einer ehem. Polizeizelle in Edinburgh

Café Kiosk bei den Botanic Gardens in Glasgow

Schauergeschichten aus Edinburgh

Das Gute und das Böse in uns

Eine Geschichte, die man als Edinburgh-Besucher unbedingt kennen sollte, ist die von Deacon Brodie und von Dr. Jeckyll und Mr. Hyde. „Der seltsame Fall des Dr. Jeckyll und Mr. Hyde" ist eine Novelle des Schritstellers Robert Louis Stevenson aus dem Jahr 1886. Es ist wohl die berühmteste Geschichte einer gespaltenen Persönlichkeit: der angesehene Dr. Jeckyll, der sich mit Hilfe eines Zaubertranks in den Halunken Mr. Hyde verwandelt, um seine Gelüste auszuleben, ohne jegliche Gewissensbisse, und ohne die strenge Moral der viktorianischen Gesellschaft.

Stevensons Novelle spielt in London. Was hat also die Geschichte mit Edinburgh zu tun? Stevenson selbst stammte aus Edinburgh, und in seiner Heimatstadt hörte er wohl die Geschichte von Deacon Brodie, die sich etwa 100 Jahre davor ereignet hatte, und sie inspirierte ihn zu seinem Werk. William Brodie war ein angesehener Handwerker, Tischler und Schlosser, Innungsmeister und außerdem Stadtrat von Edinburgh. Doch er schaute auch gern zu tief ins Glas, zockte, hatte zwei Geliebte, die nichts voneinander wussten, und mindestens fünf uneheliche Kinder. Kurz: Er hatte Geldsorgen.

Weil er als angesehener Handwerker Zugang zu wohlhabenden Häusern hatte, machte er sich das zunutze, kopierte die Schlüssel und ging nachts auf Beutezüge. Eines Tages ging dann ein solcher Einbruch schief, er wurde von einem Kumpanen verraten und auf der Flucht geschnappt. Das Doppelleben des Deacon Brodie wurde aufgedeckt und er soll öffentlich gehängt worden sein, auf einem Galgen, den er angeblich noch selbst gebaut hatte.

Gerüchten zufolge entkam Brodie allerdings dem Galgen und wurde später in Paris gesichtet. In der Geschichte des Dr. Jeckill und Mr. Hyde lebt er jedenfalls weiter, und auch in der Bezeichnung eines Pubs (Deacon Brodie's Tavern) und eines Cafés (Deacon's House Café, in den Räumen seiner ehemaligen Werkstatt), und einer dunklen kleinen Gasse namens „Brodie's Close", alles an der Royal Mile zu finden. Sein Wohngebäude, einst am Ende der Gasse gelegen, musste leider moderneren Bauwerken weichen. Der Barkeeper in Deacon Brodie's Tavern hat so einige Schauergeschichten über Brodie's Geist auf Lager, der immer noch gerne Schlüssel kopiert.

Die Anatomie Edinburgh

Edinburgh hat eine alte Tradition als Universitätsstadt (seit 1583) und brachte vor allem auf dem Gebiet der Naturwissenschaften außerordentliche Forscher hervor. So auch den Arzt Robert Knox, der 1826 eine eigene Anatomie-Schule gründete. Das Sezieren menschlicher Leichen war zu dieser Zeit nicht nur revolutionär, sondern aus religiösen Gründen völlig inakzeptabel und zudem illegal. Knox war jedoch von dessen Notwendigkeit vollkommen überzeugt und offenbar genoss er es sogar ein wenig. Seine Vorlesungen waren nichts für Studenten mit schwachem Magen, und seine Kollegen begrüßte er absichtlich gerne mit blutigen Fingern und amüsierte sich über deren Reaktion.

Dennoch war es für Knox kein Problem, an Leichen für seine Anatomieschule zu kommen. Im damaligen Edinburgh starben immer wieder namenlose Bettler und Obdachlose, und es gab viele Studenten, die sich etwas Geld verdienen wollten, indem sie nachts die Leichen ausgruben und an Knox lieferten. Diese Praxis wurde offenbar amtlich geduldet und schadete dem Ansehen des Arztes nicht. Man braucht sich auch nicht zu wundern, wenn Friedhöfe, z. B. St Cuthbert's am Beginn der Lothian Road, aus Angst vor den Leichendieben mit Wachtürmen ausgestattet waren. Doch die Leichendiebe konnten bald den Bedarf nicht mehr decken.

William Burke und William Hare stammten beide aus Belfast und kamen, wie so viele ihrer Landsleute, auf der Suche nach Arbeit nach Schottland, die sie beim Bau des Union Canal fanden. Später trafen sie sich in Edinburghs Vorort Westport wieder, einem Viertel für irische Einwanderer, wo Hare mit seiner Freundin Margaret Laird eine Pension betrieb, und Burke mit seiner Geliebten ebendort untergebracht war. Ein plötzlich verstorbener Pensionsgast, der Hare noch Geld schuldete, brachte sie auf die Idee mit dem Leichen-Verkauf. Ihr erster Mord war ein kranker Gast, und so führte eines zum anderen und die Morde wurden immer dreister. Zu den insgesamt 16 (vielleicht waren es auch noch mehr) Opfern von Burke und Hare zählten Bettler, Behinderte, Prostituierte, ein Kind und sogar Bekannte der beiden. Einige Opfer wurden jedoch erkannt und man schöpfte schließlich Verdacht.

Der Richter bot damals William Hare die Straffreiheit an, wenn er seinen Komplizen verrate. Und so wurde William Burke öffentlich erhängt, ein riesiges Spektakel mit 25 000 Zuschauern. Seine Leiche wurde an der Universität zu Studienzwecken seziert, sein Skelett ist dort immer noch ausgestellt. Aus seiner Haut wurden eine Geldtasche und ein Notizbuch gefertigt, die man im Surgeons Museum bzw. im Polizeimuseum bewundern kann. Die Geschichte verhalf den Lokalzeitungen zu Rekordauflagen, und der Mob verfolgte Hare und dessen Frau sowie Burkes Geliebte, die fliehen mussten. Trotz massiver Proteste wurde der Arzt Robert Knox nicht angeklagt. Seine Popularität fand jedoch ein abruptes Ende und seine Karriere ebenso.

Zu den Folgen dieser Geschichte zählte auch ein 1832 in ganz Großbritannien erlassenes Gesetz, das die Versorgung der Anatomen mit Leichen regelte und dem illegalen Treiben ein Ende setzte. Am High Riggs, nicht weit von da, wo sich einst Hares Pension befand, gibt es ein nach den berühmten Mördern benanntes Strip-Lokal. Beliebter Aufenthaltsort von

Burke und Hare war das White Hart Inn am Grassmarket, das auch heute noch existiert. Der Grassmarket wurde in den letzten Jahren immer touristischer. Einst war der längliche Platz, unterhalb der Burg und der Royal Mile gelegen, aber Treffpunkt der Unterschicht. Heute findet man hier nur mehr vereinzelt Obdachlose auf einer Parkbank. Damals allerdings war das Lokal der perfekte Ort für Burke und Hare, um ihr nächstes Opfer auszusuchen. Im Edinburgh Dungeon – dem Gruselkabinett – lauern sie in jeder Ecke auf euch. Die Geschichte wurde sogar in einem Kinderlied verewigt:

Up the close and down the stair,
In the house with Burke and Hare.
Burke's the butcher, Hare's the thief
Knox, the man who buys the beef.

Ein Hund namens Bobby

Weniger schaurig, aber dafür sehr sentimental, ist die Geschichte von Greyfriars Bobby. Ein Terrier soll von 1858 bis 1872, also über 14 Jahre lang, seinem verstorbenen Herrchen die Treue gehalten haben und auf dessen Grab im Friedhof der Greyfriars Church gesessen sein. Zu mittags ging der Hund in das nahegelegene Coffeehouse, wo er vom Kurator gefüttert wurde. Nach Bobbys Tod wurde auf einem früheren Trinkwasserbrunnen gegenüber dem Friedhofseingang eine Statue des Hundes aufgestellt. Der Hund wurde heimlich auf dem Friedhof bestattet (das Bestatten von Tieren war dort nicht erlaubt), und eine Steinplatte mit Aufschrift erinnert heute an ihn.

Nicht einmal ich bezweifele die Existenz des Hundes. Zweifel bestehen allerdings in Bezug auf dessen Besitzer, einem gewissen John Gray, weil es auf dem Friedhof zwei Personen desselben Namens gibt. Streunende Hunde auf Friedhöfen waren damals keine Seltenheit, und wenn sie gefüttert wurden, dann blieben sie auch bestimmt gerne dort. Ob das Motiv des Hundes also wirklich Treue zu seinem verstorbenen Herrchen war, werden wir wohl nie wissen. Geschichten über außergewöhnlich treue Hunde haben eine lange Tradition, angefangen mit Argos in Homers Odyssee. Solche Geschichten werden in Zeitungen gern gelesen, weitererzählt und ausgeschmückt, und sie locken Besucher an, mit denen man Geld verdienen kann. Bobby hat jedenfalls in mehreren Büchern und Filmen (darunter ein Disney-Spielfilm 1961) Berühmtheit erlangt.

Greyfriars Bobby Statue

Der Millennium Clock Tower – Ausdruck einer Weltsicht?

Der Millenium Uhrturm wurde 1999 von vier Künstlern geschaffen und ist im National Museum of Scotland zu sehen, wo sich die Uhr zu jeder vollen Stunde zur Musik von Bach mit all ihren Rädchen, Ketten und Figuren in Bewegung setzt. Das über zehn Meter hohe Kunstwerk aus Holz, Metall und Glas soll in seiner Form an eine mittelalterliche Kathedrale erinnern. Es repräsentiert Vergänglichkeit und die guten und schlechten Erfahrungen des letzten Jahrhunderts.

In Anlehnung an eine Kathedrale ist es in Krypta, Schiff, Glockenturm und Turmspitze unterteilt. Geister und Affen bewegen die Rädchen, Skelette halten das Pendel. Man sieht verzerrte Figuren von Lenin, Hitler und Stalin. Krieg, Hunger, Sklaverei und Verfolgung sind an Galgen gefesselte Körper. Die Spitze ziert eine Figur der Pietà mit einem toten Mann im Arm. Sie symbolisiert das Leid und die Kraft, die es braucht, um voranzuschreiten in ein neues Jahrtausend.

Nicht nur Kinderaugen bestaunen den sich bewegenden Mechanismus. Irgendwie ist das ganze Werk unheimlich, die Details skurril. Ob es die dunkle Fantasie der Künstler oder die düstere Sicht der Schotten auf Vergangenheit und Zukunft widerspiegelt? Jedenfalls ist das National Museum of Scotland auch wegen seiner anderen Ausstellungsstücke einen Besuch wert. Ausgestellt ist dort auch die Sammlung 17 kleiner Särge mit hölzernen Puppen, die von ein paar Buben 1836 in einer Höhle auf dem Arthur's Seat gefunden wurden. Manche bringen sie mit Hexen-Ritualen in Verbindung, aber die gängigste Theorie geht davon aus, dass sie mit den Morden von Burke und Hare zu tun hatten. Jemand könnte ein rituelles Begräbnis für die Opfer durchgeführt haben, die nicht wirklich begraben werden konnten. Doch ihre „ewige Ruhe" weilte nur kurz und sie landeten im Museum.

Kleines Whisky-ABC

Dieses Getränk aus Wasser, Malz und Hefe ist Schottlands Nationalgetränk Nummer 1. In Schottland wird er übrigens ohne „e" geschrieben, im Gegensatz zum irischen und amerikanischen Whiskey. Ein Destillerie-Besuch gehört eigentlich fix zu jedem Schottland-Urlaub dazu, auch wenn man kein ausgesprochener Whisky-Fan ist; außer man hat kleine Kinder dabei. Und manche Schottland-Reisende planen ihren ganzen Urlaub rund um die Destillerien, die sie besuchen möchten.

Schottische Whiskys verschiedenen Alters

Hier habe ich eine kleine Übersicht über einige Begriffe und Modewörter aus der Whisky-Sprache zusammengestellt, die einen Überblick über wichtige Charakteristika und neueste Trends beim Thema Whisky geben sollen.

Age Statement (Altersangabe)

Die Altersangabe auf der Flasche sagt uns, wie alt der jüngste in dieser Abfüllung verwendete Whisky ist. Je länger der Whisky lagert, desto ausgewogener und in der Regel teurer wird er. Allerdings werden dann die Geschmacksnoten aus dem Holz dominanter. Sie können auch zu intensiv werden oder den Geschmack des Destillats zu sehr überdecken. Viele Brennereien geben neuerdings sogenannte No-Age-Statement (NAS) Whiskys heraus, also solche ohne Altersangabe. Sie geben ihnen klingende Namen wie Thor und Odin, Supernova, Reflexion, Fire & Cane etc. und schaffen sich selbst damit größere Flexibilität: Bei der Auswahl der Fässer für die Abfüllung sind sie an kein Alter gebunden.

Angels' Share

Bei langer Lagerung verdunstet durch die Poren des Holzes ein gewisser Anteil des Whiskys, etwa 1,5 bis 2 Prozent pro Jahr. Dieser Dunst wird poetisch Anteil der Engel genannt und hüllt die Lagerhäuser in einen unbeschreiblichen Duft. Früher wurden die Fässer mit einem dicken Stück Kork verschlossen. Diesen Kork konnte man mit einer feinen Kanüle durchstechen und so heimlich Whisky absaugen. Es waren also vielleicht nicht immer die Engel für den Whisky-Schwund verantwortlich. Angels' Share (auf Deutsch „Ein Schluck für die Engel") ist übrigens auch eine schottische Film-Komödie aus dem Jahr 2012.

Blend (Verschnitt)

Blend oder blended Whisky bezeichnet einen Whisky, der aus Single Malts und industriell erzeugtem Grain-Whisky zusammengemischt wurde. Damit erhält man meist milde Whiskys, die preislich günstiger sind. Je nach Anteil an Single Malts und deren Kombination können aber komplexe, interessante Blends entstehen, die gegenüber reinen Single Malts durchaus Vorzüge haben können. Bekannte Blends sind Johnny Walker, Chivas Regal, The Famous Grouse, Grant's oder Monkey Shoulder (der Name kommt übrigens von der ausgeleierten Schulter, die viele Arbeiter auf den Malzböden hatten). Im Jahr 2019 wurde bei den World Whisky Awards übrigens die Lidl-Marke Queen Margot unter den Blends ausgezeichnet.

Cask Strength (Fassstärke)

Das pure Whiskydestillat hat ca. 80 % Alkoholgehalt. In der Regel wird der Whisky vor der Fassreifung mit Wasser auf 63,5 % verdünnt. Während der Lagerung verliert er Alkohol durch Verdunstung und wird vor der Abfüllung in Flaschen noch einmal auf eine angenehme Trinkstärke von ca. 40 % verdünnt. Manche Whiskys werden jedoch so abgefüllt, wie sie aus dem Fass kommen. Das hat den Vorteil, dass sie intensiver schmecken, weil die einzelnen Aromen nicht durch Wasser abgeschwächt werden, und dass man dann selbst entscheiden kann, ob man sie pur oder mit etwas Wasser genießen möchte. Für ungeübte Whisky-Trinker sind pure Fassstärke-Whiskys meist zu „scharf". Man sollte sich daher nicht scheuen, ein paar Tropfen Wasser beizumengen.

Dark (dunkel)

Das Auge trinkt immer mit. Eine reichhaltige, dunkle Farbe beim Whisky lässt einem schon das Wasser im Mund zusammenlaufen. Man verbindet sie mit einem gehaltvollen, tiefen Geschmack. Die dunkle Farbe eines Whiskys entsteht durch lange Lagerung, insbesondere in Fässern, die vorher zum Beispiel Sherry oder Rotwein enthielten, oder sie ist künstlich: Mit etwas E150 Zuckercouleur kann man einem jungen Whisky einen Bernsteinton verleihen und ihn intensiver wirken lassen. „Dark" ist das neue Modewort. Namen wie „Dark Cove", „Dark Storm", „Dark Barley", „Dark Origin" oder „dark & intense" klingen sehr verheißungsvoll.

Finish (Nachreifung, Veredelung)

Es ist zum Trend geworden, dass Whisky zum Ende der Lagerzeit für kurze Zeit in besonderen, bereits gebrauchten Fässern nachgereift wird. Möglichkeiten gibt es hier viele, am gebräuchlichsten sind Ex-Sherry-Fässer, aber auch mit Rotwein, Rum, Calvados, Madeira, Cognac oder sogar Champagner wird experimentiert. Die Whiskys nehmen dabei etwas von den Aromen und der Farbe der einst in den Fässern gelagerten Flüssigkeiten an. Der ursprüngliche Geschmack des Whiskys kann dadurch auf komplexe Art ergänzt oder überdeckt werden.

Nosing Glass

In vielen Bars wird Whisky in Tumblern serviert, oft mit Eiswürfeln. Single Malt Whisky genießt man am besten in sogenannten „nosing glasses“: in Gläsern, die unten etwas bauchig sind, damit man den Whisky schwenken kann, und sich oben verengen, damit man die Aromen inhalieren kann (nosing). So nimmt man den Geruch intensiver wahr und der Whisky fließt schmal auf die Zunge. Schwenkt man den Whisky aber zu viel, dann löst sich der Alkohol und steigt einem in die Nase. Es eignen sich neben klassischen Whisky-Gläsern auch Sherry– oder Portweingläser oder kleine, tulpenförmige Weißweingläser.

Oak (Eiche)

Das Wort „oak“ klingt viel eleganter und zugleich uriger als einfach nur „wood“ (Holz). Deshalb ist es das neue Modewort der Whisky-Welt. Viele Brennereien verwenden es in ihren Whisky-Bezeichnungen: Virgin Oak, Double Oak, Fine Oak, Blood Oak etc. Neu ist es aber nicht, dass Whisky in Eichenfässern gereift wird, nämlich in American Oak oder European Oak. Die Lagerung hat dabei einen wesentlichen Einfluss auf den Geschmack und gibt dem Whisky auch seine Farbe. Das Destillat selbst ist eigentlich farblos.

Whisky-Verkostung mit „Nosing Glasses"

Eichenholzfässer zur Whisky-Reifung

Peat (Torf)

In einigen Regionen Schottlands wird die Gerste beim Mälzen traditionell über Torfrauch getrocknet. Das verleiht dem Whisky einen mehr oder weniger intensiven rauchigen, würzigen bis medizinischen Geschmack und verbreitet rund um die Mälzerei einen unverkennbaren Geruch. Die Phenole aus dem Torfrauch bleiben an den Gerstenkörnern hängen. Ihr Anteil wird in ppm (parts per million) angegeben.

Der Brenn- und Lagerprozess verändert diesen Anteil aber in vielfältiger Weise, sodass der von der Brennerei angegebene ppm-Wert nicht immer eine klare Aussage über die Rauchigkeit des Whiskys liefert. Längere Lagerung mildert zum Beispiel den Rauchgeschmack. Stark rauchige Whiskys findet man auf der Insel Islay (sprich: Aila, Octomore mit 167+ ppm), aber auch Ledaig (sprich: Ledschik) und Longrow sind dafür bekannt. Sanfter getorft sind die Whiskys Jura (10–14 ppm), Talisker (20–30), Highland Park (20), Oban (2–3) oder der irische Connemara. Eine leichte Rauchnote erreicht man auch durch Nachreifung in Fässern, die früher getorften Whisky enthielten, oder durch das Anbrennen der Innenseite von Fässern.

Pot Still

Dies ist die Bezeichnung des kupfernen Brennkessels mit seiner charakteristischen Zwiebelform, der für die Herstellung von Single Malt Whisky verwendet wird. Es ist übrigens auch der Name von Österreichs größtem Whisky-Händler in Wien und eines Pubs in Glasgow.

Quaich

Quaich (sprich: Kwäich) bedeutet im Gälischen Becher und ist ein traditionelles schottisches Trinkgefäß in Form einer flachen Schale mit zwei Henkeln, aus der hauptsächlich Whisky getrunken wird. Früher wurde der Quaich meist aus Holz oder Horn gefertigt, oft auch aus edlem Metall. Besonders kunstvolle Varianten wurden von den Clan-Chiefs beim Begrüßungs- und Abschiedstrunk verwendet. Ein Exemplar aus dem 16. Jahrhundert hatte einen doppelten Glasboden mit einer eingelassenen Haarlocke, ein Hochzeitsgeschenk König Jakob VI. an seine Frau. Erst die industrielle Glasherstellung

Die Brennkessel der Auchentoshan Brennerei

löste den Quaich ab. Die „Keepers of the Quaich“ sind eine sehr elitäre schottische Vereinigung. Aufgenommen werden Personen aus verschiedenen Ländern, die sich besonders um die schottische Whisky-Kultur verdient gemacht haben, und die Mitgliedschaft gilt als höchste Ehre.

Slàinte mbath

Ausgeprochen: slandsche-va, oder auch einfach nur slàinte: Dieser Whisky-Trinkspruch bedeutet „gute Gesundheit“ auf Gälisch.

Usige Beatha

Im Irischen heißt es auch uisce beatha. Dieser gälische Begriff heißt Wasser des Lebens und wird als „üischge bäar“ ausgesprochen. Heute wird dieser Ausdruck für Whisky verwendet. Die schottischen und irischen Mönche, die Spirituosen nicht nur für medizinische Zwecke erzeugten, übersetzten den lateinischen Begriff Aqua Vitae ins Gälische, damit ihn die lokale Bevölkerung verstand. Davon leitet sich dann die anglisierte Form „Whisky“ ab.

Whisky-Verkostung an der Forth Bridge

Der Whisky und die Reblaus

Hätte man nicht in den 1860er-Jahren einen verheerenden Weinschädling aus Amerika nach Europa eingeschleppt, dann würden wohl bis heute nur die Schotten und Iren Whisky trinken. Damals bevorzugte der Rest Europas Cognac und Weinbrand. Whisky war für den kontinentaleuropäischen Gaumen zu rauchig, roh und unverfeinert. Doch ein kleines Insekt, die Reblaus, verhalf ihm zu einem internationalen Siegeszug.

Zwischen 1865 und 1885 zerstörte die Reblaus große Teile der Weingärten, zunächst in Frankreich, und dann in fast allen europäischen Weinbaugebieten. Erst als man begann, die Weinstöcke mit resistenten amerikanischen Sorten zu veredeln, konnte man die Plage in den Griff bekommen. Schottische und irische Geschäftsleute waren es, die dem europäischen Markt in dieser Zeit ein Ersatz-Getränk lieferten: den Whisky. Und weil sie oft auf dem unausgewogenen Destillat der Highlander sitzen blieben, wurden sie kreativ: Sie lagerten den Whisky in alten Sherry-, Cognac– oder Portweinfässern. Dadurch wurde er bekömmlicher und weniger stark. Außerdem nahm er Aroma und Farbe des Holzes und des ehemaligen Fassinhaltes an.

Händler wie John Walker, George Ballantine oder die Gebrüder Chivas kamen außerdem auf die Idee, die ungehobelten, rauchigen Highland-Whiskys mit den milderen, industriell hergestellten Grain-Whiskys zu verschneiden, um einen weicheren, gut trinkbaren Blend zu erzeugen. Dieser „Blended Whisky" wurde ein weltweiter Verkaufsschlager. Die Reblaus-Plage hatte also nicht nur dem Whisky zum Siegeszug verholfen, sondern auch dessen Charakter verändert. Die neuen, mild-aromatischen Sorten mundeten nicht nur den Kelten und Highlandern.

Irn-bru – Das zweite schottische Nationalgetränk

Großes Aufsehen erregten vor Kurzem die Pläne des schottischen Irn-Bru Herstellers A.G. Barr, wegen der „Zuckersteuer“ in Großbritannien den Zuckergehalt des kohlensäurehaltigen Süßgetränks zu reduzieren. Einige tausend Schotten unterschrieben eine Petition dagegen, die Rezeptur ihres Lieblingsgetränks abzuändern, die übrigens so geheim ist, dass sie nur drei Personen kennen. Und viele stürmten die Supermärkte, um ihre Vorräte noch vor der Rezeptänderung aufzufüllen. Aber ob ein paar Zucker-Ersatzstoffe aus Irn-Bru ein gesünderes Getränk machen, ist mehr als fraglich.

Ein schottisches Getränk?

Schottland ist eines der wenigen Länder, in denen die Beliebtheitsskala der Soft-Drinks nicht von Coca-Cola angeführt wird. Und dabei ist Irn-Bru gar keine schottische Erfindung. Das ursprünglich in den USA erzeugte Getränk Iron Brew wurde weltweit vielfach kopiert, doch durch die effektive Marken-Werbung der Firma Barr's, die es ab ca. 1899 in Glasgow produzierte, gelangte es in Schottland zu einer Beliebtheit wie nirgendwo sonst. Werbeslogans wie „Scotland's Other National Drink“ (mit Verweis auf Whisky) oder „Made in Scotland from Girders“ machten das Getränk zum Sinnbild des typisch Schottischen. An Eisenträger (girders) erinnert die knallig orangegelbe Farbe; der tatsächliche Gehalt an Eisenzitrat ist vernachlässigbar gering. Frühe Logos zeigen den Highland-Games-Athleten Donald Dinnie, der später zu einer Strongman-Figur stilisiert wurde. Sogar Schauspieler Sean Connery wählte das Getränk für eine Ausstellung im Museum of Scotland als Sinnbild seiner Heimat aus. Irn-Bru hat auch ein eigenes registriertes Tartan-Muster. In der schottischen Komödie „Angels‘ Share“ wird der gestohlene Whisky in Irn-Bru-Flaschen versteckt, was angesichts der ähnlichen Farbe perfekt passt.

Gesunder Durstlöscher?

Eine 330-ml-Dose Irn-Bru enthält neben Spuren von Eisen auch 34 g Zucker und ca. 30 mg Koffein sowie Chinin, einen Bitterstoff, den man auch in Tonic Water findet und der kurzfristig leistungssteigernd wirken kann, und künstliche Farbstoffe, die im Verdacht stehen, bei Kindern Hyperaktivität hervorzurufen. Kein Wunder also, dass das Getränk für die Schotten als beste Medizin gegen den Kater – verursacht von Schottlands erstem Nationalgetränk – gilt. Ob der übermäßige Konsum dieser Limo schon bei Kindern dafür verantwortlich ist, dass die Schotten die schlechtesten Zähne Europas haben? Die Hälfte der Schulanfänger leidet bereits unter Zahnverfall; erwachsenen Schotten fehlen im Schnitt sieben Zähne und der Rest des Gebisses ist mit elf Plomben verspachtelt. Die Umbenennung von Iron Brew in Irn-Bru erfolgte 1946, da das Wort „Eisen“ im Namen fälschlicher Weise mit einer gesundheitsfördernden Wirkung dieses nicht nennenswert mineralstoffhaltigen Getränkes in Verbindung gebracht werden könnte.

Werbung mit schottischem Humor

Der Erfolg von Irn-Bru ist auf die teils provokativen Werbekampagnen zurückzuführen. Am bekanntesten ist wohl die Parodie des beliebten Weihnachts-Comics „The Snowman“. Von den 1930er- bis in die 1970er-Jahre hatte Barr‘s sogar einen eigenen Comic-Strip: „The Adventures of Ba Bru and Sandy“, der das Getränk bei Lesern mehrerer Lokalzeitungen bekannt machte. Viele neuere Irn-Bru-Werbekampagnen sind aber sehr umstritten und verlangen dem Betrachter einen für uns Deutschsprachige kaum verständlichen (schottischen?) Humor ab: Ein Werbefilm zeigt eine Familie, die Klavier spielt und fröhlich singt. Das Lied endet mit den Worten der Mutter „Even though I used to be a man.“ Ein anderer Spot zeigt eine Hebamme beim Ausführen einer schwierigen Geburt. Beide Kampagnen führten zu heftigen Protesten von Transsexuellen und Müttern, die eine Totgeburt erlitten hatten. Ein Plakat zeigt eine Kuh und daneben die Aufschrift „When I'm a burger, I want to be washed down with Irn-Bru“. Ein anderes Plakat zeigt eine Blondine beim Zungenkuss, die hofft: „If I suck hard enough, maybe I can get my Irn-Bru back.“

Overtourism – Touristenmassen pilgern nach Schottland

Die Besucherzahlen an einigen schottischen Orten und Sehenswürdigkeiten sind in den letzten Jahren explosionsartig angestiegen. Wohnmobile verstopfen einspurige Straßen, Attraktionen und Unterkünfte sind Monate im Vorhinein ausverkauft, Einheimische protestieren, und immer mehr Touristen sind vom Massenauflauf enttäuscht. Natürlich hat das Corona-Virus die Situation vorübergehend entschärft, aber viele Schottland-Fans stehen schon wieder in den Startlöchern. Wer unberührte Natur sucht, kommt in Schottland trotzdem nicht zu kurz: Die Massen bewegen sich auf einigen wenigen Trampelpfaden.

Der günstige Wechselkurs für das britische Pfund hat in den letzten Jahren für starke Zuwächse im Tourismus in Schottland gesorgt. Dazu kommt der Hype um Filme und Fernsehserien, wie Outlander, Game of Thrones oder Harry Potter, deren Fans zu den Drehorten pilgern. Nicht zuletzt zählt das Edinburgh Festival Fringe samt Military Tattoo im August zu den größten Besuchermagneten. Es lässt die „Royal Mile" zu einem einzigen Volksfest werden. Im Jahr 2019 wurden mehr als 300 000 Eintrittskarten verkauft.

Touristen, die Schottland zum ersten Mal bereisen und dafür nur begrenzte Zeit zur Verfügung haben, wählen immer die gleiche Reiseroute: von Edinburgh aus Richtung Norden bis zum Loch Ness, dann an die Westküste bis zur Insel Skye und über Fort William und Loch Lomond nach Glasgow. Entlang dieser Route sollte man sein Quartier daher früh buchen, besonders in Edinburgh, auf Skye und in Fort William. In Edinburgh ist das Angebot groß, wenn man spät dran ist, wird jedoch die Auswahl kleiner und der Preis höher. Auf Skye kann es aber schon mal knapp werden. Immer wieder landen Touristen, die ohne vorherige Planung auf die Insel gefahren sind und kein Quartier mehr bekommen, auf der Polizeistation. Auch mit dem Wohnwagen sollte man unbedingt den Campingplatz buchen. Einheimische klagen, dass für sie keine leistbaren Wohnungen mehr zu finden sind, weil jedes Apartment oder Cottage lieber einträglich über Airbnb und Co vermietet wird. Parken bei den Attraktionen wie dem Fairy Glen wird zum Problem, am Straßenrand parkende Autos oder Wohnmobile verstopfen Straßen und bleiben oft im Morast hängen. Bei den Fairy Pools und dem Old Man of Storr hat man bereits große, gebührenpflichtige Parkplätze errichtet.

Die Lösung ist ganz einfach: Will man den Touristenmassen entkommen, dann sollte man genau diese Route zur Hauptreisezeit meiden. Im Juni oder September ist der Ansturm geringer. Wildromantische Landschaften, wunderschöne Küsten, Berge und Inseln gibt es in Schottland auch anderswo. Der größte Andrang bei den Attraktionen, zum Beispiel auch bei einer Bootstour auf dem Loch Ness, ist immer kurz nach Mittag. Einfach früher dran zu sein, lohnt sich also. Außerdem wird der schottische „Outdoor Code“ von Touristen oft völlig falsch ausgelegt: Man darf zwar überall wild campen, wo dies nicht durch Einzäunung oder Schilder verboten ist. Das gilt jedoch nur für Zelte und nicht für Wohnmobile und auch nicht für das Parken von Fahrzeugen.

Es ist also wichtig, dass man Rücksicht nimmt, rechtzeitig plant und, falls man einmal doch den Traum-Stellplatz für sein Wohnmobil in freier Natur entdeckt hat, eventuell den Grundbesitzer freundlich fragt. Wildes Zelten an Stränden hat in Corona-Zeiten stark überhandgenommen. Öffentliche Toilettenanlagen und Mülleimer sind hier schnell überlastet. Wenn jeder Tourist seinen Müll wieder mitnimmt, können sich Einheimische und Besucher noch länger an der wunderschönen Landschaft erfreuen. Es ist auch nicht ganz unmöglich geworden, Schottland spontan ohne vorherige Reservierungen zu bereisen. Dann sollte man aber unbedingt abseits der Hauptsaison und der Hauptrouten bleiben.

Robert Burns Statue am George Square in Glasgow

Ein paar Körnchen Wahrheit über Robert Burns

Der Geburtstag des schottischen Nationaldichters Robert Burns am 25. Januar wird weltweit mit vielen „Burns Night"-Veranstaltungen gefeiert. Man isst Haggis, trinkt Whisky, tanzt und trägt seine Gedichte vor. Es herrscht eine regelrechte Burns-Mania, und der Poet scheint jedermanns Liebling zu sein. Tatsächlich war er ein sehr vielseitiger Mensch, in dem viel mehr steckte, als die meisten von uns wissen. So finden auch viele Menschen in ihm etwas zu bejubeln. Immerhin gibt es von Robert Burns, neben Queen Victoria und Christoph Columbus, weltweit die meisten Statuen – kirchliche Figuren ausgenommen.

Es gibt ein Zitat des Literaten und Kritikers Edwin Muir, dass Robert Burns für jeden etwas anderes war: Für die Angesehenen war er ein ehrenhafter Mann, für die Rabauken war er derb und unverblümt, für die Sentimentalen war er romantisch und feinsinnig, für die Sozialisten war er revolutionär, für die Nationalisten war er Patriot, für die Religiösen war er fromm. In jeder einzelnen dieser Aussagen steckt zumindest ein Körnchen Wahrheit, und so formt sich ein umfassendes Bild des beliebten Poeten.

Robert Burns wurde am 25. Januar 1759 in Alloway im Süden Schottlands in eine Bauernfamilie geboren. Sein Vater tat sein Bestes, um dem ältesten Sohn eine gute Bildung zu ermöglichen, obwohl er nebenher auch auf dem Bauernhof mit anpacken musste. Burns war sehr belesen und interessierte sich für Geschichte und Literatur. Schon früh begann er, Gedichte zu schreiben, in seiner eigenen Umgangssprache „Scots", aber auch in Standard-Englisch. Als junger Mann trat er in seine örtliche Freimaurer-Loge ein. Abhandlungen, die dieses Faktum oft gar nicht erwähnen oder ignorieren, werden Burns nicht gerecht, denn den Einfluss der Freimaurer auf sein Leben und Werk kann man nicht leugnen.

Ein Freimaurer war es, der Burns erste Gedichtsammlung in Kilmarnock veröffentlichte. Und seine Kollegen aus dem Geheimbund kauften einige hundert Exemplare, verbreiteten sie und verhalfen ihm damit zu erster Bekanntheit. Burns verliebte sich in Jean Armour, Tochter seines Freimaurer-Meisters, doch deren Vater erlaubte die Heirat nicht. Jean gebar ihm Zwillinge. Doch Burns hatte in dieser Zeit diverse Affären, unter anderem mit Jeans Dienstmädchen, und so ist die Haltung des Vaters durchaus verständlich. Der Druck auf Burns wurde immer größer und finanzielle Probleme kamen hinzu, und um ein Haar hätte er damals ein Angebot angenommen, nach Jamaika auszuwandern.

Stattdessen landete Robert in Edinburgh. Seine Freimaurer-Freunde waren bei seiner Abschieds-Ode sentimental geworden, und als er sich gerade auf den Weg nach Greenock zum Schiff machen wollte, bot einer von ihnen ihm eine

Neuauflage seiner Gedichte an. Burns ergriff diese Chance. In Edinburgh waren es wieder Freimaurer-Kollegen, die ihn herzlich aufnahmen, so auch sein späterer Verleger William Creech. In den Kreisen der Intellektuellen jedoch wurde er als Bauernsohn und Landei immer etwas belächelt. Man konnte sich Bildung abseits der Bildungsschichten nicht vorstellen und nannte ihn den „Ploughman Poet“, dem dieses Talent wohl durch eine Muse zugeflogen sein musste. Seine Gedichte schafften es trotzdem zu unglaublicher Popularität.

Neben seinen Gedichten schuf Burns aber auch noch zahlreiche andere Werke. Er schrieb mehr Songtexte als jeder moderne Singer-Songwriter. So sammelte er traditionelle schottische Lieder und schrieb sie auf, aber er schrieb sie auch um und erfand neue Texte für überlieferte Melodien. Auf diese Weise trug er sehr viel zum damaligen Wiederaufleben – besser gesagt zur Neuerschaffung – eines schottischen Highland-Mythos bei. Er stilisierte Haggis und Whisky zu schottisch-nationalem Kulturgut hoch. Auch sein wohl bekanntestes Lied „Auld Lang Syne“ geht auf ältere Versionen zurück, unter anderem von Allan Ramsay. Burns behielt jedoch nur die erste Zeile bei und adaptierte den Text: Freundschaft sollte ein ewiges Band zwischen Menschen sein, dem Zeit und Raum nichts anhaben konnten. Ein Freimaurer-Ideal?

Es gibt aber auch andere Werke von Burns, die man heute kaum kennt. Hierunter fallen einerseits seine vielen sexuell sehr expliziten, fast pornografischen Verse. Sie wurden zur damaligen Zeit nicht offiziell publiziert, sondern in kleinerer Zahl gedruckt und unter den Kollegen in den zahlreichen Männerclubs der Mittelschicht, denen Burns angehörte, verbreitet. Der Barde hatte eine Schwäche für das andere Geschlecht. Immerhin brachte er es auf mindestens 13 Kinder von fünf verschiedenen Frauen, sodass sich heute auch einige tausend Personen als direkte Abkömmlinge des Dichters bezeichnen. Daneben gibt es noch weitere Texte, die Robert Burns zugeschrieben werden und in einigen Sammlungen seiner Werke abgedruckt sind. Es handelt sich um radikale politische Texte, die unter Pseudonymen in einschlägigen Zeitschriften publiziert wurden. Deshalb ist es auch schwer nachzuvollziehen, inwieweit sie wirklich von Burns stammen, und viele Literaturwissenschaftler zweifeln dies an.

Allein aus seiner Lebensgeschichte heraus kann man aber verstehen, dass Burns der Dichter der einfachen Menschen war. Er schrieb Gedichte über Bettler „The Jolly Beggars", Saufbolde „Tam O'Shanter" und das einfache Leben „The Cotters Saturday Night". Er verachtete die institutionelle Kirche, war aber gleichzeitig zutiefst religiös. Er lebte in der Zeit der Französischen Revolution, und, selbst belächelt von der Oberschicht, war sein Traum, dass alle Menschen ebenbürtige „Brüder" seien. In „A Man's a Man for A'That" (anonym im Glasgow Magazine veröffentlicht) schreibt er als letzten Vers: „That Man to Man, the world o'er, Shall brothers be for a' that." Diese Ideen findet man auch bei den Freimaurern wieder, und sie treten in der republikanischen Bewegung und in den Idealen der Französischen Revolution „Freiheit, Gleichheit, Brüderlichkeit“ hervor. Burns deklarierte sich allerdings nie öffentlich zu diesen Idealen, denn das hätte ihm zum Verhängnis werden können. Als er Jean Armour schließlich doch heiratet und als Steuereintreiber für den Staat arbeitet, wäre es fatal gewesen, wenn man ihm einen Verrat am Arbeitgeber hätte nachsagen können. Aus diesem Grund schloss er sich damals einer freiwilligen Truppe im Kampf gegen die Bedrohung durch eine Invasion aus Frankreich an.

Burns starb 1796 im Alter von nur 37 Jahren an Herzproblemen. Sein bewegtes, nicht immer enthaltsames Leben hatte ihm wohl zugesetzt. Sein Vermächtnis ist groß und seine Lyrik ist vielschichtig, oft liegt eine satirische Ebene hinter den oberflächlich romantischen Worten. Aus diesem Grunde würde ich es jedem empfehlen, mit ein wenig Hintergrundwissen über das Leben des Barden seine Werke noch einmal zu lesen, und dabei mit einem guten Whisky anzustoßen.

Ein nach Robert Burns' Gedicht „Tam O'Shanter“ benanntes Pub in Ayr

Schottische Tänze und ihre Geschichte

So mancher Schottland-Tourist hatte schon einmal das Glück, auf einer Ceilidh-Tanzparty (sprich: „Keli") Jigs und Reels zu tanzen. Schottische Tänze erfreuen sich nicht nur in Schottland größter Beliebtheit. Schottische Tanzgruppen gibt es Hunderte weltweit, in Europa, den USA, Kanada, Australien, Neuseeland, aber auch in so exotischen Regionen wie Japan, Sri Lanka, Singapur, Barbados, Jamaika, Argentinien oder Südafrika. Was also macht den Reiz dieser Tänze aus, warum haben sie so viele Fans, und wo kann ich es selbst mal ausprobieren? Und gehen diese Tänze wirklich auf alte Traditionen aus den schottischen Highlands zurück? Was haben sie mit Dudelsack und Highland Games zu tun?

Alte kulturelle Traditionen in Schottland

Tanz ist eine ursprüngliche und natürliche Ausdrucksform aller Menschen und auch der Ursprung der Musik, die anfangs nur um des Tanzes willen existierte. So wie in jeder anderen Kultur findet man auch in Schottland frühe Formen des Tanzes: Tänze mit gleichzeitigem Gesang und Stepp-Tänze mit rhythmischen Schritten, Tänze, die mittels Pantomime Geschichten erzählen, Kreistänze und Tänze, die kriegerische Tätigkeiten nachahmen oder dem Training der Geschicklichkeit von Kriegern dienen (aus dieser Tradition kommt wohl der berühmte Schwerter-Tanz). Schon im Mittelalter gibt es Hinweise auf einen sozusagen „ur-schottischen" Tanzstil, nämlich den der schwungvollen Reels. Diese waren eine Kombination von Hüpfern und Sprüngen am Stand und Bewegungen in bestimmten Mustern im Raum. Diese beiden Elemente wechselten sich ab. Zuerst wurden sie im Kreis, später von Gruppen aus drei Personen in Linien und dann auch von Paaren getanzt. Die Hüpfer und Sprünge demonstrierten dabei Geschick und Flinkheit der Tänzer, die Reel-Muster ahmten wohl frühe keltische, wikingische und piktische Verzierungen und Schnörkel nach. Getanzt wurde nicht nur zu Gesang, sondern zu Tamburin, Dudelsack, Trompeten, Flöten und Geigenklängen. Schon zur Zeit der Renaissance spürte man in den höfischen Tänzen Schottlands den Einfluss der französischen Kultur; die beiden Nationen waren ja in der Auld Alliance befreundet. Auf den Inseln im Norden bemerkt man auch skandinavische Einflüsse.

Höfische Tänze und fremde Einflüsse

Vor allem im 17. Jahrhundert folgte eine Phase, in der das Tanzen durch strenge Religiosität stark eingeschränkt wurde. Eine neue Blütezeit erlebte es dann im 18. Jahrhundert, als es sich von Edinburgh ausgehend über die „Assemblies" – den obersten Schichten vorbehaltene Tanzgesellschaften – auf die adeligen Höfe und erlauchten Clubs des Landes verbreitete. Tanzunterricht gehörte zur höfischen Etiquette, und sogenannte „Dancing Masters" gaben – mit einer Geige ausgestattet – darin Unterricht. Erst allmählich wurden diese Tanzstunden auch für das Bürgertum üblich und leistbar. Für Soldaten der Armee gehörte eine Tanzausbildung ebenso zum Pflichtprogramm. Die „Dancing Masters" wurden meist im französischen Stil ausgebildet, wo das Ballett und der Bühnentanz als Grundlage das Tanzen dominierten. Um diese Zeit verbreiteten sich auch englische „Country Dances" in Schottland. Das „Country" steht hier nicht für „ländlich", sondern kommt vom lateinischen „contra" für „gegenüber", da sich die Tänzer meist in Reihen gegenüberstehen. Auch Paartänze wie Walzer und Polka aus anderen europäischen Ländern waren damals beliebt. Die Tanzstile vermischten sich schließlich mit den alten Reels, und neue, typisch schottische Elemente wurden hinzugefügt. Die Musiker spielten oft in alter schottischer Tradition und gaben den Tänzen so einen schottischen Charakter.

Country – Ceilidh – Highland: Die drei großen Kategorien

Im 18. Jahrhundert hatten sich aus diesem lebendigen Mix heraus drei Hauptformen des schottischen Tanzes herauskristallisiert:

1. Eine eigene schottische Variante des „Country Dancing", das viele Elemente der ursprünglichen Reels in sich aufnahm. Die Schritte wurden standardisiert, und die Strathspey Reels waren im Stile der höfischen Tänze etwas langsamer und eleganter (man bedenke die frühere Kleidung). Schwungvolle Reels gehörten aber unbedingt zum Repertoire.

2. Ceilidh-Tänze: Einfache Tänze für Feste, Hochzeiten und sonstige Anlässe, die keinerlei besondere Tanztechnik erforderten. Man tanzte hier eine Mischung aus traditionellen Reels, einfachen „Country Dances" und aus anderen Kulturen geborgten Märschen, Walzern etc. (z. B. Kreiswalzer, Gay Gordons, Canadian Barn Dance ...), die gegen Ende des 18. Jahrhunderts in Mode kamen. Ceilidhs waren dabei aber nicht nur Tanzfeste: Man traf sich, erzählte Geschichten, sang und spielte Musik. Sie waren obendrein auch ein wichtiger Heiratsmarkt in ländlichen Gebieten.

3. Highland Dancing: Hier handelt es sich um Tanz als Wettkampf- und Showsport, der im Rahmen von Highland Games und Dudelsackbewerben gezeigt wurde, anfangs nur von Männern (erstmals 1783 in Edinburgh). Es handelt sich dabei nicht etwa um Traditionen aus den Highlands, sondern um von speziell dafür ausgebildeten Tanzlehrern erfundene Choreographien, hauptsächlich aus Hüpfern und Sprüngen aus dem Stand, manchmal auch in Anlehnung an alte Reels. Die „Highlands" waren zum Modewort geworden, und man kreierte sich nach eigenen Vorstellungen eine idealisierte schottische Tradition. Später entstanden daraus auch „weiblichere“ Varianten (Ladies‘ Step Dance), und heute wird Highland Dancing zu 95 % von jungen Mädchen und Damen ausgeführt. Diese Tanz-Art ist eng mit dem irischen Tanz verwandt.

Pflege der Volkskultur und lebendige Tradition

Diese drei Traditionen setzten sich bis ins 20. Jahrhundert fort und erfreuen sich heute wieder allergrößter Beliebtheit, nicht nur in Schottland. Einige der traditionellen Tänze gingen in Schottland verloren, erhielten sich aber bei den Auswanderern, z. B. in den USA und Kanada (Cape Breton in Nova Scotia), und wurden über diesen Weg später wieder nach Schottland zurückgebracht. Sowohl im „Country Dancing“ als auch im „Highland Dancing“ formierte sich eine Dach-Organisation: Die Royal Scottish Country Dance Society, respektive das Scottish Official Board of Highland Dancing. Diese Organisationen leisteten einen erheblichen Beitrag zur Erhaltung und Überlieferung traditioneller Tänze, jedoch standardisierten sie die einst regional verschiedenen Varianten, legten die Tanztechnik fest

Schottische Ceilidh-Tänze in Salzburg

und führten eine einheitliche Ausbildung der Tanzlehrer ein. Dadurch sind die Tänze heute weltweit kompatibel, jedoch gingen auch viele Versionen und lokale Eigenheiten verloren. Es gibt auch eine schottische Tanz-Szene abseits dieser beiden großen Organisationen, mit zahlreichen informelleren Clubs, Gruppen und Tanzveranstaltungen. Und schottische Tänze sind keinesfalls eine starre Institution geworden. Jedes Jahr entstehen Hunderte neuer Tänze auf der Grundlage des alten Repertoires, aber auch neue Tanz-Figuren. Tanz ist eine Kulturform, die immer in Entwicklung begriffen ist und Einflüsse anderer Kulturen in sich aufnimmt. Das macht sie lebendig und reizvoll.

Warum sind schottische Tänze weltweit so beliebt?

In die ganze Welt verbreitet wurden schottische Tänze in erster Linie durch Auswanderer, aber in den weltweiten Tanzgruppen tanzen längst nicht mehr nur Menschen mit schottischen Wurzeln. Die traditionelle schottische Musik hat viele Fans, und so manchen lässt die schottische Kultur nach einem Urlaub in den Highlands nicht mehr los. Vielen kommt es auch entgegen, dass man für Scottish Country Dancing keinen fixen Tanzpartner braucht und dass man bei den einfachen Ceilidh-Tänzen gleich lostanzen und Spaß haben kann, ohne sich lange mit Tanztechnik und Schritten zu plagen. Wer solche geselligen und zwanglosen Tanzabende einmal erlebt hat, der sucht sie immer wieder. Die fast geometrischen Muster der Tänze sagen logischen Denkern besonders zu. So mancher tanzt aber einfach nur, um seine Kondition auf eine unterhaltsame Art und Weise zu verbessern.

Wo kann man schottisch tanzen?

In Schottland:
Wer schottische Tänze gerne einmal selbst ausprobieren möchte, der sollte bei seinem nächsten Schottland-Urlaub unbedingt einen Ceilidh einplanen. Solche gibt es in allen größeren Städten zumindest wöchentlich, in kleineren Orten ab und zu, zur Festival-Zeit in Edinburgh täglich. Ein erster Anhaltspunkt kann die Webseite *http://www.mikescommunity.com/diary* sein, ansonsten kann man im Internet nach Terminen suchen. Und keine Sorge: Vorkenntnisse im Tanzen sind nicht erforderlich, man kann auch als blutiger Anfänger einfach mitmachen. Dieses Erlebnis sollte man sich auf keinen Fall entgehen lassen. Ähnliche Traditionen gibt es übrigens auch in England, Irland (céilí), Cornwall (Troyl) und Wales (Twmpath).

Zu Hause:
Für alle Daheimgebliebenen gibt es auch im deutschsprachigen Raum viele schottische Tanzgruppen. Für Scottish Country Dancing findet man eine relativ vollständige Liste unter *http://www.celtic-circle.de* (geschätzte 80 Gruppen in D, Ö und CH). In einigen Städten gibt es auch Caledonian Societies oder andere Vereine, die Ceilidhs veranstalten. Highland Dancing ist im deutschsprachigen Raum kaum zu finden,

abgesehen von einzelnen Kursen und Workshops. Es gibt auch einige Ceilidh-Bands, die man für Veranstaltungen, z. B. Hochzeiten, engagieren kann. Die Internet-Recherche lohnt sich hier auf jeden Fall.

Faszination Highland Games

Knapp drei Meter lang und 30 kg schwer ist der Baumstamm, den meine Hände umklammern. Er lehnt an meiner Schulter. Sobald ich ihn hochgehoben habe, muss ich mich vorwärtsbewegen, sonst kann ich ihn nicht im Gleichgewicht halten. Nach ein paar Schritten schiebe ich das Ende mit ganzer Kraft nach vorne oben. Tatsächlich überschlägt er sich. Doch das war nur die Damen-Variante des berühmten „Caber Tossing"-Bewerbs. Der Baumstamm für die Herren ist noch länger und schwerer. Bei Highland Games in Schottland – im Gegensatz zu den vom Royal Highland Club Obertrum organisierten, wo ich mich versucht habe – geht es dabei nicht um die Wurfweite. Der Stamm sollte sich ein Mal überschlagen und in möglichst gerader Richtung liegenbleiben. Volle Punkte erhält man für die 12-Uhr-Position. Beim Gewichts-Hochwurf über die Stange verwendet man im Salzburger Flachgau leere Bierfässer statt der originalen Metallgewichte. Doch die Athleten sind wie ihre schottischen Vorbilder im Kilt gekleidet und zeigen unglaubliche Kraft und Geschicklichkeit.

Meine Versuche im Baumstammwerfen

Warum sind schottische Highland Games hierzulande so beliebt?

Highland Games gibt es nicht nur in Schottland, sondern auch überall dort, wo sich viele schottische Auswanderer niederließen und ein starkes Bedürfnis haben, nach ihren kulturellen Wurzeln zu suchen, die in der neuen Heimat fehlen. So zum Beispiel in den USA, Kanada, Australien, aber auch Argentinien oder Japan. Die Highlander in Zentraleuropa aber sind sich dessen bewusst, dass sie meist keine schottischen Vorfahren haben und eigentlich nur Schotten spielen. Was macht also den Reiz von solchen Spielen aus?

Highland Games verkörpern ein Schottland der Vergangenheit und haben mit dem modernen Schottland wenig zu tun. Die Teilnehmer erschaffen sich eine schottische Traumwelt, die etwas repräsentiert, was wir vielleicht durch Modernisierung, Urbanisierung und Globalisierung verloren haben: das Primitive, das Heroische, den Kampf der Unterdrückten um Anerkennung. Wir lieben unsere „keltischen Verwandten", weil unsere eigene Kulturgeschichte leider schwierig ist, zumal sie oft politisch missbraucht wurde.

Highland Games bedeuten Spaß, man kann wild sein, feiern, Abstand zum Alltag gewinnen, den Schranken der modernen Welt für ein paar Stunden entkommen, um seinen inneren „Highlander" zu entdecken. Sie sind ein farbenfrohes Schauspiel, das etwas Ähnlichkeit mit der Mittelalter- und

Re-Enactment-Szene oder dem Cowboy- und Indianer-Spielen hat, nur dass Letzteres in der heutigen Zeit nicht mehr als politisch korrekt gilt. Und – last but not least – Männer in Kilts sind der Inbegriff von Männlichkeit und einfach sexy. Oft sind es also die Frauen, die mit Begeisterung dabei sind, wenn die Männer im Kilt ihre körperlichen Fähigkeiten unter Beweis stellen. Und Filme wie Highlander, Braveheart und die Outlander-Serie haben das Ihrige dazu beigetragen, das Idealbild des ungezähmten, erotischen Highlanders in alle Welt zu tragen.

Wie kann man sich Highland Games vorstellen – in Schottland und bei uns?

Highland Games in Schottland sind wie riesige Volksfeste. Rund um das Wettkampfgelände gibt es Stände der Clan-Societies, Souvenir-Shops, Getränke, Essen, Ringelspiele, Showbühnen, Viehmärkte, Schaukämpfe u. s. w. und Hunderte Einheimische wie Touristen besuchen das Spektakel, das meist mit dem Einmarsch der Dudelsack-Bands eröffnet wird.

Die athletischen Bewerbe selbst sind standardisiert, die Teilnehmer trainieren das ganze Jahr über hart. Es gibt aber nicht nur Baumstammwerfen und Seilziehen. Zu den Bewerben bei Highland Games in Schottland zählen:

- Heavy Athletics, z. B. Steinwurf, Baumstamm-Wurf (toss the caber), Hammerwurf
- Leichtathletische Disziplinen

- Kinderbewerbe wie Sackhüpfen, Eierlauf ...
- Dudelsack-Bewerbe
- Highland Dance Bewerbe
- Hundesport-Bewerbe

Bei Highland Games in Österreich ist die Auswahl der Bewerbe meist etwas weniger „athletisch", es gibt also auch Spaß-Bewerbe wie Bier-Wetttrinken und Ähnliches. Wie in Schottland tragen die Teilnehmer Kilts. In Österreich gibt es hauptsächlich Mannschafts-Wettkämpfe sogenannter „Clans", die sich aus Vereinen oder Firmen rekrutieren. Natürlich findet man auch ein Rahmenprogramm mit schottischer Musik und Showeinlagen. Allerdings gibt es auch hierzulande Veranstaltungen, die nach dem Reglement der schottischen Dachorganisation ausgetragen werden und deren Sieger sich auch an internationalen Gatherings beteiligen.

Für den nötigen Ernst sorgen in Deutschland und Österreich die Highland Games Federation, in der Schweiz die Highland Games Association.

Mythos oder Wahrheit – die Geschichte der Highland Games

Um die Entstehung der Highland Games und Gatherings drehen sich viele Mythen. Man verbindet sie mit Clans, Kriegern und Königen und möchte sie gerne so tief wie möglich in der Geschichte der Highlands verwurzeln. Die Schotten hören es sicher nicht gerne, dass sowohl die Iren als auch die Engländer ihre Finger im Spiel hatten.
Fest steht, dass es mehrere Vorformen gibt:

Ursprünge in Irland

Das Volk der Skoten brachte im 6. Jahrhundert aus Irland die Tradition der „Tailteann Games" mit, als sie den Westen Schottlands besiedelten. Es handelte sich um frühe Leichtathletik- und Kampf-Bewerbe in Kombination mit religiösen Festen, die in Irland selbst nur bis zum 12. Jahrhundert in dieser Form existierten.

Partnersuche und Prahlerei

Die Bevölkerung der Highlands lebte in verstreuten, kleinen Siedlungen, und neben Hochzeiten und Begräbnissen gab es unterschiedliche Arten der Zusammenkünfte, zum Beispiel an Feier- oder Markttagen. Diese dienten sozialen Zwecken: Es wurde also musiziert, getanzt, gälische Geschichten erzählt, Kontakte geknüpft und nach möglichen Ehepartnern Ausschau gehalten. Bei diesen Anlässen gab es Geschicklichkeits- und Kraftdemonstrationen. Weil harte Arbeit Teil des täglichen Lebens war, zählten körperliche Fähigkeiten als sehr hohe Werte.

Clan-Versammlungen

Ab dem 11. Jahrhundert entwickelte sich in Schottland das Clan-Wesen. In dieser Zeit gab es Clan Gatherings, die entweder dem Regeln von Clan-Angelegenheiten oder der Kundmachung von Vorschriften dienten, oder der Demonstration von Können und Macht bei Geschicklichkeits- und Kraftbewerben. Größere und kleinere Auseinandersetzungen unter den Clans waren an der Tagesordnung, und so war körperliche Ertüchtigung als Vorbereitung für den Kampf unerlässlich. Eine Legende besagt, dass König Malcolm Canmore einen solchen Laufwettbewerb inszenierte, um einen geeigneten Boten für seine Dienste auszuwählen.

Highlands und Lowlands

Der Begriff des „Highlanders" entstand erst, als sich der dichter besiedelte südliche Teil Schottlands immer mehr anglisierte und von den in Clans organisierten „Barbaren" im Norden distanzieren wollte. Im 18. Jahrhundert wurden Gatherings veranstaltet, um unter den Highlandern Truppen für die Jakobiten-Aufstände gegen die Engländer zu rekrutieren oder diese in Vorbereitung auf die Schlachten im Umgang mit Waffen zu trainieren.

Eine traurige Geschichte: Tod und Wiederbelebung

Nach der Niederschlagung der Jakobiten-Aufstände wurde im Act of Proscription 1747 die Highland-Kultur fast gänzlich ausgelöscht. Die gälische Sprache, das Tragen des Kilts, der Dudelsack und jede Art von Gathering oder Games wurden verboten. Obwohl dieses Gesetz 1782 wieder aufgehoben wurde, waren die alten Traditionen unwiederbringlich weg. Auch das alte Clan-System ging verloren. Die Clan-Chiefs selbst wurden oft zu Landeigentümern und vertrieben die eigenen Untertanen zugunsten der Schafzucht.

Erst im 19. Jahrhundert wurden die Highland Games wiederbelebt. Diesmal waren es aber nicht die Highlander, sondern reiche Engländer und Lowlander, die sich Urlaub in den Highlands leisten konnten und diese Spiele für sich neu erfanden. Schottland galt für sie als Destination für Sport- und Spiel-Tourismus. Sie organisierten sich in Highland Societies, und als großes Vorbild galt Queen Victoria, die sich 1848 ein Schloss in Balmoral kaufte und die Patronage des Braemar Highland Gatherings übernahm. Es waren also just diejenigen, die die ursprünglichen Bräuche ausgerottet und verboten hatten, die sie jetzt neu begründeten. Die Einheimischen waren zunächst davon ausgeschlossen, und die oberen Schichten aus dem Süden machten sich ihre eigenen Regeln und kontrollierten somit, wie sich „schottische“ Kultur entwickeln durfte. Bei den Games wurden auch Soldaten für die britische Armee angeworben. Die romantische Bewegung in Kultur und Literatur, insbesondere die Romane Walter Scotts, trugen ebenfalls zur Idealisierung und Verklärung der Highland-Kultur bei.

Man kann also sagen, dass es keine durchgängige Tradition von Highland Games in Schottland gibt. Das kulturelle Erbe wurde hier nicht völlig neu erschaffen, aber erst als die ursprüngliche Tradition ausgelöscht war, konnte sie aufgrund historischer Vorformen wiederbelebt werden. Sie wurde jetzt ein Mittel, um ein künstliches schottisch-nationales Kulturbewusstsein zu schaffen. Dieses wurde von Highlandern, die ihre Heimat aufgrund der Clearances in Richtung der Städte verlassen hatten, und von ausgewanderten Schotten auf der ganzen Welt dankbar angenommen. Es spielt bis heute eine große Rolle in der schottischen Nationalbewegung und wird auch als Motor für den Tourismus gefördert. Und die begeisterten Schottland-Touristen, die Braveheart- und Highlander-Fans tragen es in die ganze Welt hinaus, sogar bis nach Obertrum in den Salzburger Flachgau. Und so versuche ich bei den Obertrumer Games mit wenig Erfolg, einen schweren Autoreifen zu werfen, sodass er genau um einen Holzpflock zu liegen kommt. Aber, wie bei den Olympischen Spielen, dabei sein ist alles, und viele starke Männer im Kilt gab es allemal zu bewundern.

Fußball und Politik: Glasgow Celtic und Rangers und ihre Rivalität

Fußball und Politik sind nicht zu trennen. Das finden wir in Wien, wo der Arbeiter-Verein Rapid und der bürgerliche Verein Austria um die Vorherrschaft kämpfen, ebenso wie in Mailand, wo AC und Inter sich gegenüberstehen. In Spanien fließt der Konflikt mit den Katalanen in das Fußballgeschehen des Landes ein: Ob man Real Madrid oder FC Barcelona unterstützt, hat oft mehr mit der politischen Einstellung zu tun als mit sportlichem Interesse. Nun spielen zwei Vereine aus Glasgow in europäischen Ligen: Celtic und Rangers. Und diese beiden Vereine haben die politische, soziale und religiöse Komponente des Fußballs wohl auf die Spitze getrieben.

Rangers wurde 1872 gegründet, Celtic 1888 von irischen Zuwanderern im Osten Glasgows. Anfangs existierten beide Clubs recht freundschaftlich nebeneinander. Ab Beginn des 20. Jahrhunderts wurden sie dann aber nicht nur sportlich zu Rivalen. Während Celtic zur Heimstätte für vorwiegend katholische irische Immigranten wurde, war Rangers der Club des protestantischen, pro-britischen Establishments. Celtic-Anhänger waren traditionell Sozialisten und Labour-Wähler, während Rangers-Fans meist konservativ wählten. Dieser

Konflikt schwappte von Nordirland über und verstärkte sich, als die große Schiffs-Werft Harland and Wolff aus Belfast (schon immer anti-katholisch) im Glasgower Stadtteil Govan eine Dependance errichtete. Die Werft brachte Protestanten aus Ulster mit, die im benachbarten Rangers Fußballverein eine Heimat fanden. Die Zuspitzung des Konflikts in Irland mit dem Easter Rising von 1916 verschärfte schließlich noch mehr die Rivalität der Glasgower Vereine. Als Fan-Symbole sieht man bei einem Derby selten die schottische Flagge, sondern meist den Union Jack auf Seiten der Rangers und die irische Trikolore auf Seiten von Celtic.

Nicht alle Celtic und Rangers Fans sind freilich politisch motiviert. Beide Clubs bemühen sich heutzutage sehr, dieses Sektierertum aufzubrechen. Rangers brach zum Beispiel 1989 erstmals mit dem ungeschriebenen Gesetz, keine Katholiken als Spieler zuzulassen, indem sie Mo Johnston, einen ehemaligen Celtic-Spieler, engagierten. Bei Celtic hatten immer wieder vereinzelt Protestanten gespielt. Doch die Rivalität ist immer noch sehr stark spürbar. Die großen Sponsoren, wie die Brauereien Tennent's und Carling, unterstützten grundsätzlich immer beide Clubs, um keine Konsumenten zu verärgern. An Tagen eines Derbys in Glasgow kommt es immer wieder zu Krawallen und einem Polizeiaufgebot mit horrenden Kosten, nicht nur rundum das jeweilige Stadion, sondern in der U-Bahn und in Pubs. An solchen Tagen sollte man es meiden, in den Vereinsfarben eines der beiden Clubs (Blau für Rangers, Grün für Celtic) durch die Straßen zu gehen, denn das könnte als Provokation verstanden werden. Wieder aufgeflackert ist der Konflikt der beiden Clubs auch, als Rangers sich durch eine Pleite im Jahr 2012 neu formieren musste und Celtic-Fans dem neuen Club sämtliche Erfolge des alten Clubs absprachen, dies auch vor Gericht anklagten und sie „Zombies“ nannten (von den Toten auferstanden).

Sport und Politik sind leider immer noch sehr stark verwoben. Auch in Österreich, wo es bis heute drei politisch motivierte Sport-Dachverbände gibt. Erst langsam geht ein Prozess voran, der die Politik aus den Vereinen zurückdrängt und das Sportliche in den Vordergrund stellt. Es bleibt uns nur zu hoffen, dass fairer, sportlicher Konkurrenzkampf an die Stelle von sozialen und politischen Spannungen tritt und dass die europäischen Fußball-Ligen ohne Ausschreitungen vonstattengehen, auch für den Fall, dass einmal im Finale Celtic und Rangers aufeinandertreffen würden.

Die schönsten Strände Schottlands

Schottlands Küstenlinie ist mit 9914 Kilometern länger als die von Italien oder Kroatien. Und von keinem Punkt auf dem Festland ist man mehr als 110 Kilometer vom Meer entfernt. Wo immer man unterwegs ist, hat man also nie weit zu traumhaften Stränden, einsamen Sandbuchten, wandernden Dünen, schroffen Klippen und Leuchttürmen. Nur eine kleine Auswahl kann ich hier beschreiben, vom sanften Süden bis in den hohen Norden.

Die schönsten Strände

1. North Berwick und Seacliff

Die vulkanische Felsinsel Bass Rock dominiert die Bucht von North Berwick 30 Kilometer östlich von Edinburgh. Das kleine Städtchen selbst ist umgeben von schönen Stränden, die im Sommer gut besucht sind. Vier Meilen weiter im Osten liegt der Strand Seacliff Beach. Man gelangt dorthin mit dem Auto über eine mautpflichtige Schotterstraße (Kleingeld mitbringen). Schon am Weg zum Strand sieht man unter den Bäumen die Ruine von Auldhame Castle. Beim Parkplatz befindet sich eine kleine Höhle, wo der Missionar St. Baldred der

Legende nach im achten Jahrhundert Einsamkeit und Ruhe suchte. An einem Ende des weitläufigen Sandstrandes findet man einige Gesteinsformationen im Meer, „Saint Baldred's Boat“ genannt. Sie sind berüchtigt dafür, dass hier Einheimische mit Lichtern vorbeifahrende Schiffe irreführten, damit sie auf die Felsen auflaufen und anschließend geplündert werden konnten. Am anderen Ende des Sandstrandes befindet sich ein kleiner, in den rötlichen Sandstein gehauener Hafen. Er wurde 1890 gebaut und diente im Ersten Weltkrieg als geheime Marinebasis. Von hier aus hat man auch einen tollen Blick auf Tantallon Castle auf den Klippen.

Strand bei North Berwick

Versteckter Hafen am Seacliff Beach, im Hintergrund Tantallon Castle

2. St. Andrews

Die hübsche Stadt St. Andrews mit ihrem historischen Stadtkern wird umrahmt von herrlichen Sandstränden: dem zwei Meilen langen West Sands mit gleich anschließendem Golfplatz und dem eine Meile langen East Sands. Auf dem felsigen Abschnitt dazwischen liegen die Ruinen der Burg und der Kathedrale. Wer es etwas ruhiger haben will, der kann entlang der Küste Richtung Osten bis zum Kingsbarns Beach wandern oder fahren. An dem von Felsen mit kleinen Becken durchzogenen Sandstrand findet man viele Muscheln, Krabben, Anemonen und – für Geologen interessant – versteinerte Pflanzenreste. Man kann die dortige Whisky-Destillerie oder den Golfplatz besuchen. Toll sind auch die Strände zwischen Lundin Links und Elie an der Südküste von Fife.

St. Andrews mit West Sands im Hintergrund

St. Andrews East Sands

Strand bei Elie

3. Am Flussdelta des Ythan

40 Kilometer nördlich von Aberdeen mündet der Fluss Ythan in die Nordsee. Nach der letzten Eiszeit brachte er tonnenweise Sand zum Meer, der nun die Sanddünen von Forvie bildet. In diesem Landschaftsschutzgebiet lag das Dorf Forvie, das im 14. Jahrhundert von wandernden Dünen verschüttet wurde. Die Überreste der Kirchenmauer und einige Schautafeln zeugen davon. Folgt man vom Städtchen Newburgh südlich des Ythan dem Fußweg hinunter zur Küste, dann sieht man dort mit etwas Glück Seehunde. Nördlich des Ythan kann man vom Visitor Centre aus durch die Dünen wandern, zum Fischerdorf Collieston oder entlang der Küste nach Süden bis zur Hackley Bay oder nach Norden zur Ruine Old Slains Castle gehen. Die vielen Höhlen in den Klippen und versteckten Buchten waren ein ideales Versteck für Schmuggler.

4. Moray Firth

Ein bekanntes Fotomotiv ist der Felsbogen „Bow Fiddle Rock" bei Portknockie. Von dort aus kann man entlang der Küste bis Cullen wandern, vorbei an weiteren Felsformationen und Höhlen, darunter die Preacher's Cave, die einst als Kirche genutzt wurde. Am feinen Sandstrand Cullen Beach stechen drei große Felsen ins Auge: die „Three Kings". Der Legende nach sind es die Grabsteine der drei nordischen Piratenkönige, die im Jahr 962 in der Schlacht von Bauds in der Nähe starben. Manchmal kann man von hier aus auch Delfine beobachten. Der Strand wird umrahmt vom Bahndamm der stillgelegten Eisenbahn mit seinen Viadukten, der heute ein Wanderweg ist. Beeindruckende Sandstrände gibt es am Moray Firth auch bei Nairn, Findhorn und Lossiemouth.

Bow Fiddle Rock

Cullen Beach

Leuchtturm und Bunker am Strand von Lossiemouth

Lossiemouth East Beach

5. Insel Harris and Lewis

Luskentyre und Seilebost sind die längsten und spektakulärsten Strände der Insel Harris and Lewis. Weißer Sand und türkisblaues Wasser erinnern an die Karibik, der Blick zur vorgelagerten Insel Taransay ist herrlich. Bei Seilebost gibt es einen kleinen Campingplatz. Zelte und auch Wohnwägen sollte man hier gut befestigen, die Stürme des Nordatlantik können ungemütlich werden. Berühmt ist auch der weitläufige Sandstrand Uig Sands in einer flachen, geschützten Bucht. Dort wurden im Jahr 1831 93 Schachfiguren aus der Wikingerzeit in einer kleinen Steinkammer gefunden. Sie wurden im zwölften Jahrhundert aus Walross- und Walzähnen gefertigt und sind bis zu zehn Zentimeter groß. Vier der

Figuren werden noch immer in den Dünen von Uig vermutet. Ein „Turm“ wurde kürzlich für mehr als eine Million Euro verkauft. Von April bis September kann man einige der Figuren im Lews Castle Museum besichtigen.

Strände auf Lewis

Sandwood Bay

6. Durness

Rund um die Ortschaft Durness ganz im Nordwesten des schottischen Festlandes liegen einige der schönsten Strände. Zur Sandwood Bay kann man vom Parkplatz in Blairmore aus wandern. Der Weg führt durch feuchtes Moorland. Der Sandstrand ist mit Dünen und Felsformationen durchzogen, an seinem Ende steht eine Felsnadel in der Brandung. Sehr bekannt ist der östlich von Durness gelegene Strand Sango Bay und – noch ein Stück weiter – Ceannabeinne Beach (sprich: Känavin). Dort findet man auch die Überreste eines Crofter-Dorfes, dessen Bewohner 1841/42 zum Abwandern gezwungen wurden. Auf halbem Weg zwischen den beiden Sandbuchten liegt Smoo Cave, wo ein Bach durch ein Loch im Felsen 25 Meter in eine Höhle hinabstürzt, bevor er in einem Felseinschnitt ins Meer mündet. Westlich von Durness findet man den Strand Balnakeil. Auf dem Weg dorthin kommt man am Balnakeil Craft Village vorbei, einem Künstlerdorf mit Chocolatier, Galerie, Buchhandlung, Glas- und Keramik-Manufaktur und anderem in ehemaligen Militärbaracken.

Sandwood Bay Felsnadel

Ceannabeinne Beach

Smoo Cave

Smoo Cave

Neben dem Parkplatz am Strand stehen die Ruine einer Kirche aus dem 16. Jahrhundert, vom Friedhof umgeben, und das Elliot House Hotel.

7. Inseln Barra und Vatersay

Die Hebrideninsel Barra hat herrliche Sandstrände in ihrem nördlichen Teil, rund um die Halbinsel Eoligarry (das E wird nicht gesprochen). Der flache Sand des Tràigh Mhòr Beach (sprich: Traiwor) dient als Start- und Landebahn für die Flugzeuge aus Glasgow, die ein Mal täglich und nur bei Ebbe die Insel anfliegen. Man erreicht Barra aber auch mit der Fähre von Oban aus oder von der Nachbarinsel South Uist. Im Süden von Barra führt ein Damm hinüber zur Insel Vatersay, auf der man weiße Sandstrände mit türkisblauem Meer findet. Sie sind ein Paradies für Naturliebhaber und Fotografen.

8. Insel Iona

Die kleine Nachbarinsel von Mull ist nur sechs Kilometer lang und zwei Kilometer breit. Pilger und Touristen besuchen sie hauptsächlich wegen der gut erhaltenen mittelalterlichen Abtei. Vor der Abtei steht das fünf Meter hohe keltische St. Martins-Kreuz, das mehr als 1000 Jahre alt ist. An der Westseite der Insel gibt es traumhafte Strände, zum Beispiel Tràigh Bàn nam Manach (sprich: Trai-ban-na-manach, weißer Strand der Mönche) oder die kleine hübsche Bucht Port Bàn zwischen Felsen. Der Aufstieg auf den Hügel Dun führt durch mooriges Gelände, wird allerdings mit einem herrlichen Panorama belohnt. Die Insel ist beliebt bei all jenen, die Ruhe oder Spiritualität finden oder Kraft tanken möchten. Es gibt Tagesausflüge von Oban aus.

9. Von Mallaig bis Arisaig

Geschützte Sandbuchten zwischen Felsen, vorgelagerten Inseln und in kleinen Fjorden kennzeichnen den Küstenstreifen zwischen Mallaig und Arisaig an der Westküste Schottlands. An dieser eher ruhigen Küste werden Meeres-Kajak-Touren angeboten. Am bekanntesten sind die Silver Sands of Morar, wo der gleichnamige Fluss ins Meer mündet und bei Ebbe riesige Sandflächen entstehen. Nur ein schmaler Streifen, über den Straße und Eisenbahn führen, trennt hier das Meer von einem Süßwassersee. Der sehr tiefe Loch Morar beherbergt der Legende nach ein Seeungeheuer namens Morag. Eine Sichtung der weiblichen, nixenähnlichen Figur soll Unglück bringen. Beim Spaziergang am Strand sollte man immer auf die Gezeiten achten. Man hat einen großartigen Blick auf die Inseln Rùm mit der markanten Bergkette, Eigg, Muck und Canna. Naturliebhaber sollten einen Ausflug mit der Fähre von Mallaig aus auf eine dieser Inseln machen: Die sanfte Insel Eigg kann man mit ausgeliehenen Fahrrädern, Mopeds, Booten oder Ponys erkunden. Auf der nur 22 Einwohner zählenden Insel Rùm kann man Bergtouren unternehmen und ausgezeichnet Wildtiere beobachten.

Strand bei Arisaig

Sands of Morar mit Insel Rùm im Hintergrund

10. Ardnamurchan

Wer die Highlands abseits der Touristenmassen erleben möchte, ist mit einem Ausflug auf die Halbinsel Ardnamurchan (sprich: Archdmurchan) mit ihren herrlichen Sandstränden gut beraten. An der wilden Nordküste liegen die Singing Sands bei Kentra, die bei etwas Wind faszinierende Geräusche von sich geben. Äußerst sehenswert sind auch die Strände in der Sanna Bay ganz im Westen nahe des Ardnamurchan Leuchtturmes. Der Weg dorthin führt durch den Krater eines riesigen, erloschenen Vulkans.

Die Brücken über den Firth of Forth

Am Montag 4. September 2017 wurde sie offiziell von der Queen eröffnet: die dritte Brücke über den Firth of Forth, genannt „Queensferry Crossing", auf den Tag genau 53 Jahre, nachdem sie die Forth Road Bridge gleich daneben eröffnet hatte. Nicht zu Unrecht sind die drei großen Brücken über den Firth of Forth eines der beliebtesten Fotomotive in Schottland. Sie lassen nicht nur das Herz eines jeden Ingenieurs höherschlagen. Einst ein fast unüberwindbares Hindernis, wird der Fjord an seiner Engstelle heute von im Schnitt 60 000 Fahrzeugen und 200 Zügen täglich überquert.

Vom Burgberg in Edinburgh aus hat man einen wunderschönen Blick hinaus auf den Meeresarm und die gegenüberliegende Küste Fifes, die nur wenige Kilometer entfernt liegt. Einen mühsamen Umweg von ungefähr 100 Kilometern bis zur Brücke nach Stirling mussten Reisende jedoch früher auf sich nehmen, um den Firth of Forth zu umrunden und dorthin zu gelangen. Die Alternative war eine gefährliche Überfahrt per Schiff. Doch schon die Heilige Margareta, die Frau von König Malcolm III., richtete im elften Jahrhundert eine regelmäßige Fährverbindung über den Fjord ein, um Pilgern die Reise nach Dunfermline oder St. Andrews zu erleichtern. Daher kommt auch der Name der beiden Ortschaften North und South Queensferry. An dieser Stelle ist der Fjord nur etwas mehr als zwei Kilometer breit.

Im Zeitalter der Eisenbahnen begann man dann ernsthaft über den Bau einer Brücke oder eines Tunnels nachzudenken. Der mutige Eisenbahn-Ingenieur Thomas Bouch kreierte die Idee einer Fähre, auf die ganze Züge auffahren konnten, und eine solche wurde auf der Strecke Granton – Burntisland im Jahr 1850 in Betrieb genommen. Er war es auch, der einige Jahre später das Konzept für eine Eisenbahnbrücke über den Forth lieferte, was viele seiner Zeitgenossen für nicht machbar hielten. Doch als 1879 die ebenfalls von ihm geplante Brücke über den Tay in einem Sturm einstürzte und 75 Insassen eines Zuges in den Tod riss, erfuhren seine Vorhaben einen unvermittelten Halt. Bouch, einst für seine planerischen Leistungen geadelt, verkraftete diese persönliche Niederlage nie und verstarb einige Monate später.

Doch die North British Railway Company machte weiterhin Druck. Man wollte eine Eisenbahnroute im Osten des Landes von Edinburgh über Perth und Dundee nach Aberdeen errichten, die mit den Routen im Westen konkurrieren könnte. Sie engagierten die Ingenieure Sir John Fowler und Sir Benjamin Baker und taten sich zwecks Finanzierung mit weiteren Eisenbahngesellschaften zusammen. Der Entwurf der Brücke sollte nun im Vergleich zu Bouchs Design stabiler gegen Seitenwinde sein. Im Jahr 1882 stimmte eine knappe Mehrheit im Parlament dem Bau zu, und die Konstruktion der Auslegerbrücke mit ihren großen Stahl-Fachwerken begann. Mit einer Gesamtlänge von 2467 Metern stellte sie damals einen Weltrekord; heute ist sie die zweitlängste solche Konstruktion nach der Quebec-Brücke in Kanada. Schon 1890 wurde sie vom Prince of Wales, dem späteren König Edward VII., eröffnet. Die Brücke, in markantem Rot-Ton gestrichen, ist heute eine der bekanntesten Sehenswürdigkeiten Schottlands und zählt zum UNESCO-Weltkulturerbe. Schon damals zweigleisig geplant, und mit einer minimalen Durchfahrtshöhe für Schiffe von 45 Metern bei Flut, hält sie auch der Belastung des modernen Zugverkehrs noch ohne Probleme stand.

Die Eisenbahnbrücke über den Firth of Forth

Technisch gesehen handelt es sich um ein wahres Meisterwerk, und die nur achtjährige Bauzeit der Brücke war ein prägendes Ereignis für die Region. Ihre mittleren Pfeiler stehen auf der Insel Inchgarvie, die weiteren wurden mit Senkkästen gebaut, in denen die Arbeiter unter nicht unerheblichem gesundheitlichem Risiko standen. Zu Spitzenzeiten waren hier 4600 Personen beschäftigt. Wohnsiedlungen, Hütten, Werkstätten, Zeichensäle für die immer anwesenden Ingenieure, Kräne und Sägewerke wurden errichtet, ein Telefonkabel unter dem Fjord verlegt und ein Dampfschiff zum Transport von Arbeitern angeschafft. Unter neuen Verfahren gewonnener Stahl, Granit, Sand, Zement, Bauholz und Kohle wurden antransportiert. Alle Brückenelemente wurden zunächst an Land probeweise zusammengebaut, dann sorgfältig zerlegt und an ihrem endgültigen Platz wieder zusammengefügt. Eine eigene Vorsorge-Organisation für Kranke und Verletzte wurde eingerichtet, jedoch mussten insgesamt 73 Arbeiter ihr Leben lassen.

Das Streichen der Forth Bridge gilt in Schottland als geflügeltes Wort: Es steht für eine Arbeit, die nie endet. Tatsächlich waren seit der Eröffnung immer rund 40 Maler und Anstreicher damit beschäftigt, rostige Stellen auszubessern. Zu jeder Zeit waren an mehreren Stellen der Brücke Einhausungen zu sehen, wo gerade die Farbe erneuert wurde. Erst 2013 konnte ein Anstrich entwickelt werden, der nun für die nächsten 20 Jahre keiner Erneuerung bedürfen wird. 240 000 Liter dieser Farbe wurden in einem Zeitraum von drei Jahren angebracht.

Forth Bridge mit Einhausungen zum Erneuern der Farbe

Forth Bridge bei Nacht

Direkt neben der Brücke bestand eine Fährverbindung für Fußgänger und Autos. Der kleine Ort North Queensferry am nördlichen Ende der Forth Bridge war eine Ansiedlung von Fährmännern, Arbeitern in den Docks von Rosyth und in den Steinbrüchen. Die Kolonnen an Autos, die zum Pier drängten, um den Fjord zu queren, wurden ab Mitte der 1950er- Jahre immer länger. Das Leben der Bewohner änderte sich gravierend, als nach sechs Jahren Bauzeit im Jahr 1962 schließlich eine Auto-Brücke über den Firth of Forth eröffnet wurde. Die Forth Road Bridge war damals die längste Hängebrücke außerhalb der USA. Ihre Kabel haben einen Durchmesser von 59 Zentimetern. Am Tage ihrer Eröffnung wurde die Fährverbindung eingestellt. North Queensferry ist heute ein Pendlerort, genau wie viele andere, wildwachsende Städte in Fife. Viele Anwohner waren in den Bau der neuen Verbindung involviert, und ein sonntäglicher Spaziergang über die Brücke gehörte zur Freizeitbeschäftigung vieler Familien. Sieben Menschen verloren beim Bau ihr Leben.

Die geplante Lebensdauer der Brücke sollte bei einer prognostizierten Auslastung von elf Millionen Fahrzeugen pro Jahr circa 120 Jahre betragen. Diese Auslastung wurde natürlich längst überschritten. Oft war die Brücke aufgrund von starkem Wind, Schneefall oder Unfällen nicht passierbar, was chaotische Auswirkungen auf Pendler und Reisende hatte. Schon in den 1990er- Jahren wurde der Bau einer weiteren Verbindung angedacht, doch als die Labour Party an die Regierung kam, verschwand das Projekt in der Schublade. Erst im Jahr 2005 kam plötzlich Eile auf, als man einen Festigkeitsverlust von acht bis zehn Prozent in den Kabeln durch Korrosion feststellte, und bei einer späteren Inspektion Risse in Verbindungsgliedern fand. Ein akustisches Warnsystem wurde installiert, und die baldige Gewichtsbeschränkung für LKW oder gar das Szenario einer Totalsperre drohten. Mehrmals musste die Brücke für Sicherheitsüberprüfungen längere Zeit gesperrt bleiben. Die drastischen Folgen für die Wirtschaft und der Druck

Queensferry Crossing

der Pendler führten schließlich dazu, dass 2010 die Mehrheit im schottischen Parlament für den Bau einer zusätzlichen Brücke stimmte. Das Projekt hatte viele Gegner: nicht nur die Labour Party, sondern auch Umweltschützer, die trotz höherer Kosten und längerer Bauzeit einen Tunnel forderten.

Die Opposition verebbte langsam und man erhoffte sich mehr touristisches Interesse. Drei Brücken aus drei Jahrhunderten überspannen den Fjord dort, wo einst Queen

Drei Brücken aus drei Jahrhunderten

Margaret die erste Fähre einrichtete. Die drei Kult-Bauwerke spiegeln drei unterschiedliche Konstruktionstypen wider: eine Auslegerbrücke, eine Hängebrücke und schließlich eine Schrägseilbrücke. Der Name „Queensferry Crossing" wurde in einer öffentlichen Abstimmung ausersehen. Über 10 Millionen Arbeitsstunden wurden geleistet, die Bauteile in China und Spanien vorgefertigt, verschifft und von einem internationalen Team an Baufirmen vor Ort zusammengebaut. Der zentrale Pfeiler steht auf der kleinen Felsinsel Beamer Rock, die Türme sind über 200 Meter hoch. Trotz moderner Sicherheitsstandards wurde ein Arbeiter von einem Kran-Teil tödlich getroffen. Während der Personenverkehr ab sofort über die neue Brücke rollt, wird die Forth Road Bridge nur mehr von Bussen, Radfahrern und Fußgängern genutzt.

Ein Ausflug nach North oder South Queensferry ist nicht nur für Tiefbau-Begeisterte empfehlenswert. Die wahre Größe der Brückenkonstruktionen wird einem erst bewusst, wenn man direkt unter ihnen steht. Auch mit Boots-Touren oder einer kombinierten Bus-Boots-Tour von Edinburgh aus kann man die Brücken erkunden. Wenn man ein wahrer Ingenieurbau-Enthusiast ist, sollte man auch die weiter im Westen über den Fjord führenden Kincardine und Clackmannanshire Bridges (1936 bzw. 2008) mit einplanen. In North Queensferry gibt es im Bahnhofsgebäude eine kleine Ausstellung zur Geschichte der Brücken. Der beschauliche Ort bietet auch ein Café, ein Pub sowie ein von Michelin ausgezeichnetes Restaurant (The Wee Restaurant). Außerdem befindet sich dort das Deep Sea World Aquarium. Ein kurzer Spaziergang entlang des Fife Coastal Path hinauf zu einem Aussichtspunkt auf dem Hügel lohnt sich ebenfalls. Von dort aus kann man Erdöl-Verladeanlagen und eventuell auch Kreuzfahrtschiffe entdecken.

In South Queensferry findet man mehrere Cafés und Restaurants, teilweise mit verglasten Terrassen und Ausblick auf die Brücken. Das historische Ortsbild mit seinen Bauten aus dem 17. und 18. Jahrhundert lädt zu einem kleinen Spaziergang ein. Doch die Geschichte der Region geht noch viel weiter zurück: Ganz in der Nähe fand man beim Bau der neuen Brücke Gebäudereste aus der Mittelsteinzeit. Für die Waghalsigen und Abenteuerlustigen ist in naher Zukunft die Errichtung einer Aussichtsplattform und einer geführten Tour auf die Stahlkonstruktion der Eisenbahnbrücke geplant. Die Einheimischen, ob des ganzen Aufhebens schon leicht genervt, haben der neuen Brücke den Spitznamen Kevin gegeben. Warum? Scherzhaft erklären sie: Jetzt haben wir drei Brücken: Vater Mr Bridges, Mutter Mrs Bridges und Sohn Kevin (gemeint ist der schottische Kabarettist Kevin Bridges). Irgendwie haben sie ihre neueste Attraktion ja auch liebgewonnen.

Café mit Aussicht in South Queensferry

Callanish Steinkreis auf Lewis

Auf den Spuren der Outlander-Serie

Auch hierzulande gibt es immer mehr Fans der amerikanischen Serie Outlander, die auf den Büchern von Diana Gabaldon beruht. Dieser Hype ist bisher an mir vorübergegangen. Doch anscheinend haben die Regisseure für die Dreharbeiten einige der schönsten Plätze Schottlands ausgewählt. In den Erfolgsromanen wird eine Krankenschwester aus den 1940er-Jahren durch eine Art Zeitmaschine in Form eines Steinkreises in das Schottland zur Zeit der Jakobiten-Aufstände zurückversetzt. Die Serie begeistert mit einer Portion Romantik und Mystik gepaart mit historischer Wahrheit, tapferen Highlandern, und das alles vor der Kulisse beeindruckender schottischer Landschaften. Unzählige Drehorte haben innerhalb kürzester Zeit Bekanntheit erlangt und werden nun von Besuchern überrannt. Schautafeln, lebensgroße Figuren aus der Serie, Re-Enactment-Veranstaltungen und Dudelsackspieler schmücken nun diese Drehorte. Vor zehn Jahren war ich in Blackness Castle noch die einzige Besucherin. Einige Orte davon sind allerdings wirklich sehenswert, auch wenn sie nun keine Geheimtipps mehr sind. Outlander-Fan oder nicht, welche Orte sollte man unbedingt besuchen?

Steinkreise und mystische Plätze

Den besagten Steinkreis Craigh na Dun, der Claire als Zeitmaschine diente, sucht man in Kinloch Rannoch vergeblich. Ihn gibt es nicht wirklich. Steinkreise findet man in Schottland aber anderswo: die bekanntesten sind wohl die Callanish Standing Stones auf Lewis und der Ring of Brodgar auf Shetland. Nicht weit von Kinloch Rannoch liegt zum Beispiel der kleinere Croft Moraig Stone Circle. Ist man in der Nähe, sollte man auch die Wasserfälle Falls of Acharn und das Castle Menzies (gesprochen „Minjis“), Clan-Sitz aus dem 16. Jahrhundert, besuchen.

Die Schlucht Finnich Glen, östlich des Loch Lomond und nördlich von Glasgow gelegen, ist Outlander-Fans als „Liars‘ Spring“ bekannt. Der runde Felsen tief im Inneren wird „Devil’s Pulpit“ (Kanzel des Teufels) genannt. Er gilt als Treffpunkt für moderne Druiden und legendärer Ort früherer

Hexen-Hinrichtungen. Zu viele Besucher verursachen dort Probleme: Die Begehung der alten Steinstufen hinunter in die Schlucht erfordert Trittsicherheit. Die Gemeinde überlegt derzeit, einen großen Parkplatz samt Besucherzentrum und neuen Steganlagen anzulegen, was dem Naturdenkmal vermutlich etwas von seinem Reiz nehmen wird.

Fort William und Umgebung

Das Glenfinnan Monument am Loch Shiel wurde zum Gedenken an die Jakobiten-Aufstände errichtet. Es markiert den Ort, an dem Bonnie Prince Charlie an Land ging und die Highlander für seinen zweiten Aufstand sammelte. Mehr als 400 000 Besucher jährlich bezahlen den Eintrittspreis, um den Turm zu erklimmen. Einen schöneren Ausblick auf Loch Shiel und den nahen Glenfinnan Viadukt (bekannt aus Harry Potter) hat man von den umliegenden Bergen. Der Dampfzug, mit dem Touristen entlang der landschaftlich schönen Strecke auch über den Viadukt fahren können, ist lange im Voraus ausgebucht. Bei jeder Fahrt dieses Harry-Potter-Zuges tummeln sich in der Nähe des Viadukts zahllose Fotografen, um ein paar Aufnahmen zu erhaschen. Es gibt überdies auch reguläre Züge von Fort William nach Mallaig, die über den berühmten Viadukt führen, und die Strecke ist einzigartig. Ein schöner Rundwanderweg führt vom Bahnhof Glenfinnan hinauf zum Viadukt und hinunter zum See, vorbei am Monument.

Glenfinnan Monument

Harry-Potter-Zug

Wandern kann man rund um Fort William nicht nur im spektakulären Glen Coe, das abgesehen von Outlander auch für James Bond schon als Filmkulisse diente. Man kann den höchsten Berg Großbritanniens, Ben Nevis (1345 m), besteigen. Empfehlenswert ist dies nur bei stabilem Wetter und guter Sicht, wenn man für seine Mühen auch mit einem traumhaften Ausblick belohnt wird. Für die Tour benötigt man mindestens 7 Stunden und gute Ausrüstung.

Unbedingt sollte man mit dem Auto oder mit dem Zug einen Abstecher an die Küste zwischen Arisaig und Mallaig machen. Die berühmten Sands of Morar kennt man aus dem Film Local Hero und von unzähligen Kalenderbildern und Postkarten. Dementsprechend gehören sie zu den meistbesuchten Stränden in Schottland. Viele versuchen hier, einen Platz zum Übernachten im Wohnmobil zu finden, da die Straße nur einen Steinwurf entfernt ist. Allerdings gibt es viele bezaubernde kleinere Sandbuchten, die nur zu Fuß zu erreichen und oft menschenleer sind, zum Beispiel vom Bahnhof Morar ein Stück weit Richtung Norden und unter der Hauptstraße hindurch hinunter zum Meer.

Outlander-Erkundungstour durch Fife

Das Kingdom of Fife, freundliches und wetterbegünstigtes Land zwischen Firth of Forth und Firth of Tay, hat nicht nur für Outlander-Fans einiges zu bieten. Historische Ortskerne, bunte Fischerdörfer, Burgen und Kathedralen gibt es hier zu besichtigen. Am Ufer des Firth of Forth befindet sich die kleine Ortschaft Culross (gesprochen „Kuross"). Der nahe Bergbau und die Verschiffung von Kohle brachten dem Ort einst Bedeutung ein. Als er diese Funktion allerdings verlor, hatte man für Modernisierung kein Geld. Heute sind die historischen Bauten herausgeputzt und man fühlt sich hier fast ins 18. Jahrhundert zurückversetzt, eine ideale Filmkulisse für Outlander und ein bezauberndes Fotomotiv. Auch ein Aufstieg zur Klosterruine oberhalb des Ortes lohnt sich.

Culross

Klosterruine oberhalb von Culross

Gut mit dem Zug zu erreichen ist Aberdour Castle, eine Ruine aus dem 12. Jahrhundert, wo Jamie in der Serie von Claire gesundgepflegt wurde. Hat man ein Auto, sollte man auch einen Abstecher zur netten Ortschaft Falkland machen. Mit seinem Palast und dem schönen Ortszentrum mit Marktkreuz diente es in der Serie als „Double“ für Inverness. Auf jeden Fall lohnt sich ein Besuch der Stadt Anstruther (gesprochen „Ainster“), wo das alte Segelschiff „The Reaper“ vor Anker liegt, das in Outlander Staffel 2 Verwendung fand. Die lebendige Hafenstadt hat ein tolles Flair, die Fish and Chips sind hier berühmt. Man kann auch dem reizvollen Fife Coastal Path ein Stück weit folgen, nach Norden bis Crail oder nach Süden bis St. Monans.

Segelschiff "The Reaper" in Anstruther

Falkland

Linlithgow, Bo'ness und Blackness

Mit einem Tagesausflug von Edinburgh aus kann man gleich drei sehenswerte Outlander-Locations besuchen. Die Ruine des Palastes von Linlithgow, wo Maria Stuart geboren wurde, hat ein eigenartiges, etwas gespenstisches Flair. Im Sommer finden im Schlosshof öffentliche Tanzabende statt (*http://www.scotchhop.org.uk/*). Die schönsten Fotos vom Palast kann man übrigens machen, wenn man den See bei einem Spaziergang umrundet (ca. 1 Stunde).

Am Ufer des Firth of Forth liegt die Burg Blackness Castle, ursprünglich aus dem 15. Jahrhundert. Ihre Form erinnert an ein Schiff, daher wird sie auch „The Ship that never Sailed" genannt. Man kann von Blackness aus eine Wanderung entlang des Firth of Forth bis nach South Queensferry machen. Dabei kommt man an Midhope Castle (in der Serie „Lallybroch") und Hopetown House (hier wurden Innenaufnahmen für Outlander gemacht) vorbei. Beides kann man besichtigen, reine Gehzeit nach South Queensferry zwei Stunden. Im nahe gelegenen Bo'ness gibt es eine Museumsbahn, die Bo'ness and Kinneil Railway. Der Bahnhof ist Outlander-Fans aus Staffel 1 bekannt, wo Frank sich in den Krieg verabschiedet. Die Dampfzugfahrten und das kleine Eisenbahnmuseum sind bei Familien sehr beliebt, den traditionellen „Afternoon Tea" im Nostalgiezug genießen auch erwachsene Gäste gerne.

Linlithgow Palace

Midhope Castle

Blackness Castle

Museumsbahn Bo'ness and Kinneil Railway

Die Inseln im Firth of Forth

Inselfeeling in Schottland? Sucht man die Gemütlichkeit des Insel-Lebens, wunderschöne Strände, spektakuläre Landschaften und Wanderparadiese, so kommt man auf Schottlands Inseln voll zum Zug. Die Inseln im Firth of Forth bieten aber keine der oben genannten Attraktionen. Doch kaum eine andere Region bietet so viel Mystik und Übersinnlichkeit und so einzigartige Einblicke in die Vergangenheit; und besondere Erlebnisse sind auf jeden Fall garantiert. Um den Firth of Forth mit allen Sinnen zu erfahren, sollte man in die Welt der Inseln eintauchen.

Wie kann man diese Inselparadiese am besten erkunden? Es gibt deren elf größere und unzählige kleinere; oft nicht mehr als ein Felsblock, der bei Ebbe aus dem Wasser schaut. Erkunden kann man die Inseln mittels einer Bootstour, vom Festland aus über Live-Kameras, oder – im Falle von Cramond Island – auch zu Fuß, indem man bei Ebbe über einen Damm spaziert.

Die Inseln im Forth waren immer besondere Orte. Sie boten einst die Möglichkeit für Zwischenhalte für die Scharen an Reisenden, Geschäftsleuten und Pilgern, die den Fjord per Schiff überquerten. Außerdem dienten sie seit jeher der Abwehr von Feinden, die mit ihren Schiffen in Richtung Edinburgh vordringen wollten. Man findet Ruinen von mittelalterlichen Burgen, Wehranlagen aus napoleonischer Zeit, bis hin zu Bunkern und Geschützstellungen aus dem Ersten und Zweiten Weltkrieg. Weiter im Inneren des Fjords befinden sich die wichtigen Marine-Werften von Rosyth, die vor Angriffen geschützt werden mussten. Die Inseln spielten auch eine Rolle für das frühe Christentum in Schottland, wo die Mönche Einsamkeit und Askese suchten. Man findet die Überreste von Klöstern, Kapellen und Einsiedeleien. Sie waren auch als Orte für christliche Bestattungen besonders begehrt, weil die Toten hier vor aasfressenden Tieren sicher waren. Später baute man auf ihnen Leuchttürme zur Orientierung der vorbeifahrenden Schiffe und kassierte Zölle. Die meisten größeren Inseln waren einst bewohnt, von Mönchen, Leuchtturmwärtern, Bauern oder Soldaten. Zeitweise weideten auf ihnen Schafe, zeitweise verbannte man an Syphilis und Pest Erkrankte dorthin.

Bass Rock

Heute gehört Bass Rock den Meeresvögeln. Wie alle Inseln im Firth of Forth ist auch diese unbewohnt und der Leuchtturm automatisiert. Bass Rock ist ein Naturschutzgebiet, in dem sich unzählige Arten von Möwen, Basstölpeln, Brandenten, Kormoranen, Papageientauchern und Haubentauchern – um nur einige zu nennen – tummeln. Früher wurden die Vögel auch gejagt und verspeist. Heute lässt der Vogeldreck der

Basstölpel mit Nachwuchs

über 150 000 auf dem Bass Rock nistenden Basstölpel (der Name geht auf den Namen der Insel zurück) den Felsen in der Sonne weiß glänzen und gibt jährlich mehr als 150 Tonnen Ammoniak ab. Leider ist in den letzten Jahren die Anzahl der Kegelrobben, die auf den Inseln im November ihre Jungen gebären, stark zurückgegangen. Im National Seabird Centre in North Berwick kann man mit Hilfe von Live-Kameras das Getümmel auf den Inseln aus nächster Nähe beobachten, ohne die Tiere selbst zu stören.

Das National Seabird Centre bietet Bootstouren an, die rund um Craigleith und Bass Rock führen. Das Hauptaugenmerk der Touren ist die Vogelwelt, aber auch die tollen Aussichten auf die Felsformationen, Höhlen, Klüfte und alten Gebäude auf Bass Rock und der Blick auf Tantallon Castle auf den Klippen an der Küste lohnen sich. Empfehlenswert sind eine Kopfbedeckung und eine wetterfeste Jacke. Man findet sich bisweilen inmitten einer Schar von Tausenden von Vögeln. Nähert man sich Bass Rock, so ist der Gestank fast unerträglich. Man fragt sich, wie es die einstigen Bewohner der Burg

Bass Rock von den Ruinen von Tantallon Castle aus gesehen

Leuchtturm auf Bass Rock

und die Leuchtturmwärter dort jemals ausgehalten haben. Bass Rock ist sicherlich die markanteste Insel im Firth of Forth; ein Vulkanfelsen, der schon aus großer Enfernung zu sehen ist, fast wie Ailsa Craig im Forth of Clyde. Nach drei Seiten fallen die Klippen steil ab. Auf dem schrägen Plateau stand einst die Kapelle des Heiligen Baldred, der dort im 8. Jahrhundert zeitweise als Eremit lebte. Er war ein wichtiger Missionar des frühen Christentums in der Region East Lothian. Eine Süßwasser-Quelle am oberen Ende des Plateaus versorgte ihn mit Trinkwasser. Ab dem Mittelalter residierte auf der Felsinsel die Familie Lauder of the Bass in einer Burg, die mehrfach von schottischen Königen besucht wurde und auch als sicheres Gefängnis für politische Gegner diente. So wurden hier im 17. Jahrhundert viele Covenanters gefangen gehalten, und auch Jakobiten. Vier gefangene Jakobiten überwältigten 1691 die Wachtruppen und brachten die Insel unter ihre Kontrolle. Erst nach drei Jahren gelang es den Regierungstruppen, ein Schiff mit Proviant für die Meuterer abzufangen. Als Tausch für die Rückgabe der Insel und der Burg wurden die vier Jakobiten auf freien Fuß gesetzt. Auf den Überresten der einstigen Festung, an der einzigen vom Meer zugänglichen Stelle der Insel, wurde 1902 ein von David Stevenson geplanter Leuchtturm errichtet.

Cramond Island

Der Vorort Cramond ist von Edinburgh aus mit dem Bus zu erreichen. Schicke Einfamilienhäuser mit viel Grün reihen sich um die Mündung des Flüsschens Almond. Eine Besonderheit des Ortes ist seine Insel, die bei Ebbe durch einen betonierten Damm mit dem Festland verbunden ist. An einer Seite dieses Damms reihen sich Betonpfeiler auf, die im Zweiten Weltkrieg als U-Boot-Sperre errichtet wurden und einen recht bizarren Anblick bieten. Beachtet man die Gezeiten, so kann man zur Insel hinüberwandern. Ungefähr zwei Stunden vor bis zwei Stunden nach dem Tiefststand gilt als sichere Querungszeit. Der betonierte Weg ist in schlechtem Zustand, und die Entfernung zur Insel sollte man auch nicht unterschätzen; für die 1,6 km braucht man etwa 25 Minuten. Schon so mancher Wanderer wurde von der Flut überrascht

Damm nach Cramond Island

Cramond Island vom Strand aus

und war auf der Insel für einige Stunden gefangen. Auf Cramond Island kann man dann allerhand interessante Ruinen entdecken: ein altes Bauernhaus, das in den 1930er-Jahren verlassen wurde, Geschützstellungen, Scheinwerferbunker und Baracken aus dem Zweiten Weltkrieg, aber auch einen Anlegesteg an der Nordwest-Spitze, der mittelalterlichen Ursprungs sein könnte, und ein sehr altes Steingebäude an der Westseite, das später als Munitionslager genutzt wurde.

Nach dem aufregenden Spaziergang zur Insel empfiehlt sich eine Einkehr im Cramond Inn, einem traditionellen Pub in einem weiß getünchten, denkmalgeschützten Gebäude aus dem 18. Jahrhundert an der Flussmündung des Almond. Das Gebäude war einst ein Wagenschuppen; ein Pub gibt es hier schon seit mindestens 300 Jahren. Man kann auch am Strand entlang in Richtung Osten nach Silverknowes spazieren, von wo aus man mit dem Bus zurück ins Stadtzentrum gelangt (Bushaltestelle beim Golfclub-Gebäude). Auf halbem Weg dorthin findet man ein nettes Strandcafé.

Blick von Cramond Island den Firth of Forth hinauf

Vor dem Strandcafé in Silverknowes

Inchcolm Island

Von North und South Queensferry aus werden verschiedene Bootstouren angeboten. Von Abend-Fahrten mit Folk-Musik und Barbecue, Salsa-Tanzen, Disco oder Jazzmusik, bis hin zu speziellen Vogelbeobachtungs-Touren oder Sightseeing der großen Brücken über den Fjord, wird hier für jeden Geschmack etwas geboten. Unterwegs sieht man nicht nur die drei großen Forth Bridges, riesige Kreuzfahrtschiffe, Öl-Verladeanlagen, Wasservögel, Robben und mit etwas Glück sogar Delphine oder Wale, sondern man kann auch einen Zwischenstopp von eineinhalb Stunden auf Inchcolm Island einlegen.

„Inchcolm", auf Gälisch die Insel des Heiligen Columba, wird auch das ‚Iona des Ostens' genannt. Sie ist nach dem frühchristlichen irischen Missionar benannt, der angeblich im Jahr 567 die Insel besucht hat. In den eineinhalb Stunden Aufenthalt, die einem die Bootstour erlaubt, gibt es einiges zu sehen. Schon im frühen Mittelalter gab es eine Einsiedler-Kapelle, deren angebliche Grundmauern man heute noch besichtigen kann. König Alexander I. geriet im Jahr 1123 bei der Überquerung des Firth of Forth in ein heftiges Unwetter, sodass sein Schiff auf Inchcolm Rettung suchen musste. Dort fand er für drei Tage Unterschlupf in der kleinen Kammer des Einsiedlers, der mit ihm die Milch seiner Kuh und die Mahlzeiten aus Meeresgetier teilte. Aus Dankbarkeit für seine Rettung schwor Alexander, auf Inchcolm ein Kloster errichten

Landesteg auf Inchcolm

Robben auf einer Boje

zu lassen. So wurden die keltisch-frühchristlichen Eremiten bald von Augustinermönchen abgelöst. Die Abtei bestand bis zur Reformation 1543 und ist ausgesprochen gut erhalten, da sie durch ihre Insellage vor Baumaterial-Räubern weitgehend geschützt war.

Die Abteiruine auf Inchcolm

Um 1300 entstand auf Inchcolm das christliche Chorbuch Inchcolm Antiphoner, und Abt Walter Bower schrieb hier im 15. Jahrhundert das lateinische Werk Scotichronicon, Schottlands wichtigstes mittelalterliches Geschichtsbuch. Man fand unweit der Abtei auch einen Hogback stone, einen skulptierten Grabstein mit Köpfen an den Enden, der aus der Wikingerzeit (Mitte zehntes Jahrhundert) stammt. Ein aufgrund einer Quelle aus dem 16. Jahrhundert dort ebenfalls vermutetes Steinkreuz wurde bis heute nicht gefunden, allerdings ein ornamentierter Stein, der ein Teil davon gewesen sein könnte. Man fand auch unzählige Skelette und Knochen aus unterschiedlichen Epochen, im Boden vergraben, in den Wänden aufrechtstehend eingemauert und von einstürzenden Gebäudeteilen verschüttete menschliche Überreste aus früheren Zeiten.

Auch der normannische König Sven (Sweno, Sueno) erkaufte sich einst das Recht, seine Toten auf Inchcolm zu beerdigen, nachdem er von der schweren Niederlage seiner Leute in Fife gehört hatte. Diese Geschichte findet sogar Erwähnung in Shakespeares Macbeth. Der Geist des heiligen Columba soll unzähligen in Not geratenen Seeleuten im Firth of Forth zu Hilfe gekommen sein, und er genoss Ehrfurcht selbst bei den Feinden. Im 14. Jahrhundert war Incholm in den schottischen Unabhängigkeitskriegen wiederholt das Ziel englischer „Piraten", die die Kunstschätze der Abtei rauben wollten. 1335 lief ein solches englisches Schiff, als es mit der Beute von Inchcolm ablegte, beinahe auf Grund. Aus Angst vor überirdischer Rache brachten die Piraten ihre Beute reumütig zurück. Ein weiterer englischer Raubzug endete in blutiger Vernichtung der Räuber, und ein Versuch, die Abtei in Brand zu stecken, richtete nicht sehr viel Schaden an. Der Wind soll das Ausbreiten der Flammen verhindert haben.

Im Ersten und Zweiten Weltkrieg wurde die Insel befestigt und Soldaten dort stationiert. Im östlichen Teil findet man einen im Jahr 1916 errichteten Tunnel durch die Hügel-Kuppe, der begehbar ist. Das Gebäude, das heute das Visitor Center nahe der Anlegestelle beherbergt, war einst das NAAFI (Navy, Army and Air Force Institute), wo die circa 500 Soldaten auf der Insel Verpflegung, Waschmaschinen und dergleichen Einrichtungen fanden. Geht man den Ostteil der Insel ab, so findet man zahlreiche Bunker und Stellungen und hat auch einen unvergleichlichen Blick auf die Abteiruinen. Der Westteil der Insel gehört den Seevögeln. Vor allem Möwen gibt es hier zu Tausenden, und wenn sie brüten – sie legen ihre Eier auf den Boden, denn Igel oder Marder gibt es hier nicht – können sie ziemlich aggressiv werden.

Die Isle of May

Die Vogelwelt der Isle of May steht derjenigen auf Bass Rock in nichts nach, jedoch kann die Insel zwischen Ostern und Oktober besucht und nicht nur vom Boot aus erforscht werden. Wie auf Inchcolm findet man hier Überreste frühchristlicher und christlicher Aktivität, die aber bei Weitem nicht so gut erhalten sind. „The May“ liegt am Eingang des Firth of Forth im Osten und wird von zwei Unternehmern in Anstruther und dem Scottish Seabird Centre in North Berwick mit Ausflugsbooten angesteuert. Man hat etwa zwei Stunden Zeit, um die Insel zu erkunden, und es gibt durchaus einiges zu sehen. In den Wintermonaten ist May für Besucher gesperrt, damit die Robben ungestört ihre Babys aufziehen können.

Während die Funde auf der Insel schon 4000 Jahre zurück in die Jungsteinzeit reichen, taucht in den alten schottischen

Strand mit Felsformationen bei Anstruther, die Isle of May im Hintergrund

Chroniken zuallererst die Geschichte des Heiligen Ethernan (später Adrian genannt) auf. Dieser frühchristliche Ire gründete dort ein einfaches Kloster. Die Mönche wurden wiederholt von Wikingern angegriffen und Adrian starb wie viele seiner Gefährten den Märtyrer-Tod. Begraben wurden sie in einer Steinmulde, die eventuell schon auf eine bronzezeitliche Begräbnisstätte zurückgeht. May war das ganze Mittelalter über eine wichtige Pilgerstätte, und man sagt, dass jeder Pilger der für Christen ungewöhnlichen Grabstätte einen faustgroßen Stein vom Strand hinzufügte.

Im 12. Jahrhundert gründete König David I. von Schottland auf May eine Abtei. Auch von diesen Bauwerken sind nur mehr Bruchstücke der einstigen Umrisse zu erkennen. Aufgrund der unwirtlichen Bedingungen auf der Insel zogen sich die Mönche aber immer mehr nach Pittenweem an der Küste zurück. Für Pilger gab es auf May immer noch eine Kapelle und eine heilige Quelle, die den Frauen Fruchtbarkeit schenken sollte. Die Pilger-Aktivität ließ erst mit der Reformation nach. Später siedelte sich eine kleine Gemeinde von Bauern und Schmugglern dort an. Es gibt auf May einige Höhlen, die nur bei Ebbe begehbar sind und wohl einst von Schmugglern genutzt wurden. Im Jahr 1715 setzte man 300 fliehende Jakobiten für 8 Tage ohne Essen auf der Insel aus.

Besonders interessant für die Besucher ist die Geschichte der Leuchttürme der Insel. Man findet hier das älteste Signalfeuer Schottlands, 1636 auf einem zwölf Meter hohen rechteckigen Turm in einer metallenen Feuerschale errichtet. Die Kohlen wurden mit einem Flaschenzug nach oben gezogen, die Asche türmte sich meterhoch rund um den Turm. Das Feuer selbst war bei Nebel nur sehr schwach zu sehen. Im Jahr 1791 entzündeten sich die Ascheberge und Leuchtturmwärter George Anderson und seine Familie erlagen einer Rauchgasvergiftung. Drei Tage später fand ein Junge, der zur Insel geschickt wurde, um nachzusehen, warum das Feuer nicht brannte, ein überlebendes Baby an der Brust der toten Mutter. Die Legende besagt, dass er das Mädchen später heiratete und mit ihr in die USA emigrierte.

1816 wurde der von Robert Stevenson geplante neue Leuchtturm „Main Light“ in Betrieb genommen. 1886 wurde er sogar von Öl auf elektrischen Betrieb umgestellt. Dazu wurden zwei riesige 4,5-Tonnen-Generatoren auf der Insel installiert. Anstelle von Spiegeln wurde das Licht mit dioptrischen Linsen ausgestattet und war nun 22 Meilen weit zu sehen, durch die Reflexion in Wolken und Wasser oft noch viel weiter. Sir Walter Scott, dem Romantiker, ist es zu verdanken, dass der Vorgänger-Turm nicht abgerissen wurde. 1844 wurde an der Ostseite der Insel das „Low Light“ errichtet, ein kleinerer Leuchtturm, der die Schiffe vor dem gefürchteten North Carr Rock warnen sollte. Für das Betreiben der Leuchttürme, der Generatoren und eines Nebelhorns waren nun mehrere Familien nötig, sodass entlang der Fluke Street in der Nähe des kleinen Süßwasser-Sees eine Häuserzeile errichtet wurde. Die Leuchtturmwärter von May verhinderten nicht nur viele Unfälle, sondern retteten auch zahlreichen Schiffbrüchigen das Leben, zuletzt der Besatzung des Schleppers George Augner im Jahr 1930. Seit 1989 ist der Leuchtturm automatisiert. Das „Low Light“ ist die älteste Vogel-Beobachtungsstation Schottlands (1934 gegründet) und ist nicht öffentlich zugänglich.

In den beiden Weltkriegen diente die Insel als Warn- und Signalstation. 1918 kam es zu einer folgenschweren Kollision von Kriegsschiffen und U-Booten vor der Insel, der „Battle of May Island“. Der Unfall passierte völlig ohne Feind-Beteiligung und forderte 270 Todesopfer. Diese Informationen wurden im Krieg geheim gehalten und kamen erst allmählich ans Licht. Erst 2002 wurde im Hafen von Anstruther ein Gedenkstein errichtet. Im Zweiten Weltkrieg wurde ein Unterseekabel zur Aufspürung von metallenen U-Booten durch den Firth of Forth verlegt. Zwischen 1937 und 1946 waren in der Radarstation auf May bis zu 70 Marinesoldaten stationiert.

Main Light auf der Isle of May

Low Light auf der Isle of May

Glasgows lebendiges West End

Viele Schottland-Touristen kommen nach Glasgow und begnügen sich hier mit einem Spaziergang durch das Stadtzentrum, einem Einkaufsbummel oder einem Besuch der Kathedrale. Ins West End kommen sie meist gar nicht, weil sie bei ihren Spaziergängen über die Autobahn M8, die es vom Stadtzentrum leider unschön abschneidet, nicht hinauskommen. Das lebhafte, studentische Viertel West End ist aber reich an Sehenswertem, Kuriosem, toller Architektur, Lokalen für jeden Geschmack und schönen Parks. Hier lässt sich sehr gut ein ganzer Tag mit unterschiedlichen Aktivitäten verbringen. Da ich zehn Monate in dieser Stadt gewohnt habe, wollte ich „meinem" Glasgow unbedingt ein Kapitel widmen.

Um 1840 war das West End eine Hügellandschaft mit einzelnen Bauernhäusern und luxuriösen Landhäusern. Da Glasgow im Laufe des 19. Jahrhunderts seine Bevölkerungszahl verzehnfachte auf knapp 800 000 Einwohner (Partick und Govan waren da noch eigene Städte), schaffte man auf diesen Hügeln Wohnraum für reiche Händler und Industrielle, später auch für die Mittelschicht. Namhafte Architekten wie Charles Wilson (Park Circus) oder Alexander Thomson (er trägt den Beinamen „Greek") errichteten hier prunkvolle Reihenhäuser (Terraces) und später gediegene Tenements (Stadthäuser mit Wohnungen), die für Glasgow so typisch sind. Wenn man durch die Straßen des West End spaziert, sollte man auf die viktorianischen Details achten, wie Erker, Säulen und verspielte schmiedeeiserne Zäune und Tore. Auch die Great Western Road wollte man einst als Autobahn ausbauen und hätte damit viele der Terraces zerstört. Zum Glück wurde dieses Projekt aufgrund zahlreicher Bürgerproteste 1970 aufgegeben.

Ins West End kommt man aber am besten mit der U-Bahn. Sie ist die viertälteste der Welt (1896) und sicher eine der kleinsten – fast hat man das Gefühl, man fährt mit einer Liliput-Bahn. Das U-Bahn-Netz der „Subway" besteht aus einem Kreis, der in beiden Richtungen befahren wird, in zwei Tunneln von je 3,4 Metern Durchmesser. In der Mitte des Zuges stehend, streift man mit dem Kopf an der Decke und kann mit den Händen die Seitenwände links und rechts erreichen. Vom Stadtzentrum aus nimmt man den „Inner Circle" bis zur Station Hillhead.

Am oberen Ende der Byres Road befindet sich das Òran Mór (Gälisch für „großer Gesang"), eine neo-gotische Kirche, die zu einem Pub und Restaurant umfunktioniert wurde. Das Restaurant ist gehoben, das Pub gemütlich mit etwas günstigerem Essen. Man sitzt unter der imposanten Holzdecke oder in einem Seitenschiff. Im Kellergewölbe mit gotischen Spitzbögen und Glasdach gibt es einen Veranstaltungssaal mit Theater, im Vorgarten eine kleine „Sitooterie", wie die Schotten ihre seit dem Rauchverbot in Lokalen entstandenen Gast-

Das Òran Mór in Glasgow

Lokale in der Ashton Lane

gärten nennen. Abends ist das ehemalige Gotteshaus schön beleuchtet. Hinter der Hillhead U-Bahn-Station verläuft parallel zur Byres Road die Ashton Lane, eine nicht nur studentische Fortgeh-Meile mit Pubs, Restaurants und einem Kino. Kopfsteinpflaster und abends elektrischer Sternenhimmel geben der schmalen Gasse ein schönes Flair.

In den heruntergekommenen Gassen Dowanside Lane und Ruthven Lane gibt es ein paar Antiquitäten- und Second-Hand-Shops mit Kleidung, Schallplatten und allerhand Kuriositäten. Mit etwas Glück findet man im Geschäft „Starry Starry Night“ einen gebrauchten Kilt oder ein Kleid im Stil der 1920er- Jahre. Mittendrin, in einem alten Steingebäude, befindet sich das bekannte Restaurant „The Bothy". Hier bekommt man solide schottische Klassiker, unbedingt reservieren.

Der 1852 angelegte Kelvingrove Park zeugt noch heute von dem Versuch, ein gutbürgerliches Wohnviertel mit Erholungsmöglichkeit zu kreieren. Direkt oberhalb des Parks befinden sich die noblen Terraces des Park Circus. Im Park gibt es einen Kinder- und Jugendspielplatz und viele Spazierwege. Erwischt man einen freundlichen Tag, also sonnig oder „partly cloudy", dann kann man sich zu den vielen Studenten gesellen und ein Picknick machen. Alternativ kann man dafür auch die Botanic Gardens wählen (1840 im Zuge der Stadtteilentwicklung hierher verlegt) oder sich zwischendurch in einem der dortigen Cafés oder Glashäuser aufwärmen.

Glashaus im Botanischen Garten Glasgow

Sozusagen umrahmt wird der Kelvingrove Park von den beeindruckenden Gebäuden der Glasgow University am oberen Ende und des Kelvingrove Museum am unteren Ende. Die 1451 gegründete Universität stand einst in der Nähe der Kathedrale östlich des Stadtzentrums, bis sie aus Platzgründen 1870 ins West End übersiedelte. Das Hauptgebäude wurde von George Gilbert Scott im neo-gotischen Stil erbaut, den spitzen Glockenturm sieht man von Weitem. Leider wurden in den 1960er- und 70er-Jahren einige unschöne Erweiterungsbauten in der Umgebung errichtet. Am unteren Ende des Kelvingrove Park befindet sich das Gebäude der Kelvingrove Art Gallery and Museum. Es wurde mit den Einnahmen der ersten „International Exhibition" im Kelvingrove Park von 1888 finanziert und diente bei der zweiten „International Exhibition" als Palace of Fine Arts. Die große Halle war damals ein Konzertsaal für 3000 Besucher und birgt auch eine Orgel. Gezeigt wird hier alles von ausgestopften Tieren, berühmten Gemälden (französische Impressionisten, niederländische Renaissance, Glasgow School), ägyptischen Artefakten und Charles Rennie Macintosh Möbeln. Das Museum ist neu und familiengerecht gestaltet und der Eintritt ist frei. Das Gebäude selbst ist auch von innen sehenswert und in der Nacht rot beleuchtet.

Das Hauptgebäude der Glasgow University

Kelvingrove Art Gallery and Museum

Die große Halle des Museums

Stewart Memorial Fountain im Kelvingrove Park, dahinter die Turmspitze der Glasgow Uni

An der Argyle Street unterhalb des Kelvingrove Parks gibt es einige empfehlenswerte Lokale und Pubs mit live schottischer Folk-Musik mehrmals pro Woche (Islay Inn, Park Bar, Ben Nevis). In Glasgows West End gibt es aber mit Sicherheit für jeden Geschmack das richtige Lokal, von vegetarisch über international, gehoben bis studentisch und traditionell bis trendig ist hier alles zu finden. Nicht unerwähnt lassen möchte ich das neue, von Zaha Hadid gestaltete Riverside Museum of Transport an der Mündung des Flusses Kelvin in den Clyde. Es ist sehenswert und familienfreundlich, und all jenen, die sich für die Geschichte der Glasgow Subway interessieren, sei es besonders ans Herz gelegt. Daneben kann man das alte Segelschiff „The Tall Ship" (Glenlee, 1898) besuchen.

Das Riverside Museum of Transport

Das "Tall Ship" neben dem Riverside Museum

Die Insel Islay – nicht nur für Whisky-Freunde

Bekannt ist Islay – gesprochen „Ei - la“ – besonders unter Whisky-Freunden. Abgesehen von den derzeit neun produzierenden Destillerien gibt es keine großartigen Sehenswürdigkeiten, aber gerade das macht den Charme der Insel aus. Bäuerliche Strukturen, bezaubernde Landschaften und gälische Kultur erwarten den Besucher.

Die Insel ist die südlichste der Äußeren Hebriden, und sie ist mit der Fähre von Kennacraig aus erreichbar. Ihre Größe ist überschaubar, und die Anreise ist auch ohne Auto möglich (Bus von Glasgow nach Kennacraig, und Bus auf Islay). Außerdem verbindet eine fünfminütige Fähre sie mit der benachbarten Insel Jura. Da Jura keine eigene Mittelschule hat, benützen jeden Tag einige Dutzend Schulkinder diese Fähre.

Islay ist landschaftlich sehr reizvoll, mit Steilküsten im Osten und sanften Hügeln und Stränden im Westen. Neben zahlreichen Vogelarten kann man mit etwas Glück Robben, Wale, Delfine und wilde Ziegen beobachten. Während der Saison, etwa von Mai bis September, gibt es für die ca. 60 000 jährlichen Besucher einige Veranstaltungen, wie z. B. regelmäßige Konzerte, Kunsthandwerksmärkte, Tanzveranstaltungen, geführte Wanderungen, das Musik- und Whisky-Festival Feis Ile Ende Mai und ein Jazz-Festival im September. Man findet auf der Insel auch einen Golfplatz, einen Fahrrad-

Carraig Fhada Leuchtturm auf Islay

Kühe am Singing Sands Beach

Verleih, einen Kajak-Verleih und Fotografie-Workshops. Im Hauptort Bowmore wird das Freizeitzentrum mit Hallenbad, Sauna und Fitnessraum mit der Abwärme der gleichnamigen Destillerie beheizt. Gilt das Klima hier im Sommer als besonders mild, so ist es im Winter unwirtlich und durch Stürme geprägt.

Der Whisky auf der Insel Islay ist für seinen mehr oder weniger stark torfigen Charakter bekannt. Torf gibt es hier – im Gegensatz zu Holz – in Hülle und Fülle. Wer torfigen Whisky nicht mag, der sollte sich lieber an das in Bridgend gebraute Islay Ale halten. In Sachen Destillerien hat es in letzter Zeit auch einige Neuigkeiten gegeben: Die Ardnahoe Distillery hat kürzlich den Betrieb aufgenommen. Auf die ersten Whiskys sind wir gespannt. Die Pläne der Gartbreck Farm Distillery wurden wieder auf Eis gelegt, ebenso das Vorhaben von Bruichladdich, in Port Charlotte wieder zu produzieren. Derzeit beabsichtigt Diageo, in Port Ellen eine Destillerie zu eröffnen. Die noch aus den 1960ern bis 1980ern stammenden Restbestände der ursprünglichen Port Ellen Brennerei erzielen inzwischen Höchstpreise. Auch bei Farkin ganz in der Nähe ist eine Destillerie geplant.

Die legendäre Halbinsel Kintyre

Die Halbinsel Kintyre

Campbeltown auf der Halbinsel Kintyre ist ein bisschen wie Glasgow im Miniaturformat. Es hat nichts Ländlich-Idyllisches, sondern ist eine Arbeiterstadt mit äußerst interessanter Geschichte. Man stelle sich einmal vor, man hätte vor 150 Jahren dort gelebt: Zu dieser Zeit gab es über 30 Whisky-Brennereien in der Stadt, dazu die Gewerbebetriebe wie Fassbinder, Fuhrmänner, Müller und Mälzer, Torfstecher und Kohle-Bergarbeiter im unweiten Machrihanish, einen lebendigen Hafen, in dem täglich mehrere Dampfschiffe mit Waren und Touristen ankamen, und eine Eisenbahn, die Kohle in die Stadt und ab 1906 Touristen an die Westküste der Halbinsel brachte (allein 10 000 in den ersten 3 Wochen). Man stelle sich auch den Rauch vor, den Mälzereien, Schiffe und Züge produzierten, die Asche und die Abwässer, die in das Hafenbecken geleitet wurden. Wo sich heute der Kinloch Park befindet, war einst eine stinkende Gezeiten-Kloake, die schließlich zugeschüttet wurde. Viele ärmere Bewohner der Stadt konnten sich Brot kaum leisten, weil die Brennereien das Getreide aufkauften. Sie ernährten sich und ihre Schweine von den Trebern und heizten mit Kohleresten, die sie aus den großen Aschehaufen klaubten.

Vor einigen Jahren gab es in Campbeltown nur noch zwei produzierende Destillerien, Springbank und Glen Scotia. Viele Lagerhäuser, Firmen und Geschäfte stehen heute leer, es herrscht hohe Arbeitslosigkeit. Auch der Windturbinen-Bau, der zwischenzeitlich Arbeitsplätze in die Region brachte, ist wirtschaftlich nicht mehr rentabel. Doch es gibt Hoffnung. Seit Paul McCartney und die Wings 1977 den Mull of Kintyre in ihrem berühmten Lied besangen, interessieren sich wieder mehr Touristen für die Region. Der Auftritt der Campbeltown Pipe Band in diesem Popsong gab der traditionellen Musik in Kintyre einen Aufschwung. Das jährliche Mull of Kintyre Music Festival (Mokfest) zeugt von den regen Aktivitäten der Nachwuchsmusiker, Dudelsackbands und gälischen Chöre. Ein Stadtmuseum und ein Heritage Centre geben Einblicke in die spannende Geschichte. Und eine dritte Destillerie, Glengyle (der Whisky heißt Kilkerran), eröffnete 2004 ihre Pforten. Das schöne Art Deco Picture House wurde 2017 renoviert, und auch sonst hat Campbeltown architektonisch einiges zu bieten. Das viktorianische Gebäude des Museums stammt vom selben Architekten wie die Glasgow University Chapel. Und rund um die Stadt lieferten sich die Brennereibesitzer einst einen Wettbewerb, wer die schönste Villa und den dekorativsten Garten besaß. Im Freizeithafen schaukeln heute die Segelboote, und dank des Golfstroms zieren Palmen die Promenade am Hafen.

Whiskyopolis – Whisky-Hauptstadt

Wie kam es, dass Campbeltown zum Zentrum der Whisky-Industrie Schottlands wurde? Und wie kam es zu deren Niedergang?

Die Stadt wurde 1609 vom Earl of Argyll Archibald Campbell gegründet, sie hieß damals Kinloch-Kilkerran. Der König hatte ihm die Herrschaft über die Halbinsel Kintyre übertragen, und er brachte reiche Männer aus den Lowlands mit, vorwiegend strenggläubige Covenanters, die dort Schutz suchten. Diese brachten auch ihre Pächter mit, die das Land bewirtschafteten. Die Bewohner sind seither eine Mischung aus zugewanderten Lowlandern und Highlandern mit irischen und wikingischen Wurzeln. Die Zuwanderer waren geschäftstüchtig, begründeten den Kohlebergbau, bauten einen Kanal für deren Transport, errichteten Brauereien und betätigten sich als Hering-Fischer. Für den Hering-Fang gab es eine „Bounty" der Regierung, es wurde eine Belohnung ausbezahlt, da man den Fisch für die Versorgung der Sklaven in Übersee benötigte. Daneben gab es immer schon eine blühende, illegale Whisky-Produktion in dieser etwas abgelegenen Region. Allein in den Jahren 1797–99 wurden im Gebiet „Argyll South" fast 300 illegale Brennkessel beschlagnahmt, die meisten vom Installateur Robert Armour gebaut, der unter seiner Werkstatt in Campbeltown heimlich eine Schmiede betrieb.

Ende des 18. Jahrhunderts wurde die Hering-Bounty eingestellt, der Fischfang wurde damit unattraktiver. 1823 wurde die Lizensierung von Destillerien ermöglicht. Zudem war die geografische Lage von Campbeltown nahezu perfekt: Ein geschützter, natürlicher Hafen bot eine ausgezeichnete Schiffsverbindung nach Glasgow, dem Zentrum des Whisky-Handels, und nach Westen zum Absatzmarkt Irland und darüber hinaus. Kohle und Torf waren vorhanden, das Land für den Anbau von Gerste fruchtbar. Der Duke of Argyll hatte in weiser Voraussicht 1820 das große Crosshill-Wasserreservoir über der Stadt anlegen lassen. Der Boom der Whisky-Produktion kam schnell und endete ebenso schnell. Der erste Weltkrieg, die Erfindung der Continuous Stills zur Massenproduktion und damit das Aufkommen der Blended Whiskys, vielleicht auch die geringe Qualität einiger Campbeltown Whiskys spielten eine Rolle. Der Absatzmarkt Übersee fiel durch die Prohibition weg, der Bedarf war schließlich geringer als die Produktionsmenge und die Branche musste sich „gesundschrumpfen“. Auch der Kohlebergbau und die Eisenbahnlinie wurden geschlossen.

Campbeltown Whisky heute

Das tut der Qualität und dem einzigartigen Charakter der heute in Campbeltown produzierten Whiskys aber keinen Abbruch. Die Springbank Distillery ist eine der wenigen in Schottland, die schon immer in Familienbesitz waren, und sie führt alle Produktionsschritte vor Ort durch – vom Mälzen bis zur Flaschen-Abfüllung. Sie produziert drei verschiedene Whisky-Stile, neben dem 2,5-fach destillierten Springbank auch den 3-fach destillierten, milden Hazelburn (Lowland-Style) und den 2-fach destillierten, rauchigen Longrow (Islay-Style, beide nach ehemaligen Destillerien benannt). Führungen durch die kleine, traditionell arbeitende Destillerie können gebucht werden. Die Brennerei Glen Scotia, deren Produktion im 20. Jahrhundert immer wieder unterbrochen war, und die wiedergegründete Glengyle Distillery brennen ebenfalls leicht rauchigen Whisky. Alle drei kann man fußläufig an einem Tag besuchen, oder man macht sich auf die Suche nach den Überresten ehemaliger Destillerien in Campbeltown. Eine Karte dazu findet man zum Beispiel auf *www.whisky.de*. Auch der unabhängige Abfüller Cadenhead's, der wie die Brennereien Springbank und Glengyle der Firma J&A Mitchell & Co. Ltd gehört, hat in Campbeltown seinen Hauptsitz mit Shop und Verkostungsraum.

Machrihanish Airfield – Schottlands „Area 51"?

Der ehemalige Militärflughafen Machrihanish, etwa 4 Kilometer westlich von Campbeltown gelegen, wird heute für die zivile Luftfahrt genutzt. Von hier aus starten Linienflüge nach Glasgow, Rettungsflüge und Privatjets. Für Flugzeuge, die vom Atlantik her im Norden an der Insel Irland vorbei nach Großbritannien fliegen, ist die 3000 Meter lange Landebahn das erste Stück Festland, das sie überfliegen. Somit hatte sie schon immer eine besondere strategische Bedeutung, auch für mögliche Notlandungen. Im Kalten Krieg war Machrihanish Nato-Stützpunkt und beheimatete ein US Navy Sonderkommando. In der Bucht von Campbeltown befindet sich eine riesige Betankungsanlage für NATO-Schiffe, und von dort führt auch eine Pipeline zum Flughafen. Die grundsätzlich der Geheimhaltung unterliegenden Vorgänge auf Militärflughäfen und einige weitere Fakten – z. B. die direkt unter dem Flughafengelände liegenden ehemaligen Kohleminen, der unverhältnismäßig großzügige Ausbau der Zufahrtsstraße A83 und Investitionen in Millionenhöhe in einen offiziell bereits stillgelegten Militärflughafen – haben zu vielen Spekulationen über das Machrihanish Airfield geführt. Diese reichen von Probeflügen der geheimen Aurora Hyperschallflugzeuge bis zur Stationierung von nuklearen Unterwasserwaffen und Marschflugkörpern. Die Wahrheit ist irgendwo da draußen!

Ausflüge in die Umgebung

Neben dem Flughafen gibt es in Machrihanish zwei wunderschön gelegene Golfplätze und einen fantastischen Strand. Die dem Atlantik ausgesetzte Westseite Kintyres ist wild, windig und bei Surfern beliebt. Auf einer kleinen Anhöhe in

Seehunde und Seevögel in Machrihanish

Strand bei Machrihanish

der Nähe des Machrihanish Caravan Park findet man die Ruine der Kirche Kilkivan (St. Kevin) mit schönen Grabplatten aus dem 14. Jahrhundert; von hier stammt auch das reich verzierte, mittelalterliche Kreuz, das seit dem 17. Jahrhundert als Marktkreuz in Campbeltown steht.

In der Bucht von Campbeltown liegt Davaar Island. Diese Insel ist bei Ebbe über einen Damm mit dem Festland verbunden. Möchte man sie zu Fuß besuchen, sollte man vorher den Gezeitenplan studieren. Auf Davaar gibt es einen hübschen Leuchtturm. Kommt man auf der Insel an und geht nach rechts über etwas unwegsames Gelände, dann erreicht man einige Höhlen. In einer davon befindet sich eine Wandmalerei, die einen Christus am Kreuz darstellt (19. Jahrhundert). Der Ort hat eine schaurige Schönheit.

Beliebtes Ausflugsziel ist natürlich der Leuchtturm am Mull of Kintyre, der Südwestspitze der Halbinsel. Fast automatisch hat man Paul McCartneys Lied im Kopf, wenn man daran denkt. McCartney selbst besitzt mehrere Farmen auf Kintyre; seiner früh an Krebs verstorbenen Frau Linda ist sogar ein „Garden of Rememberance“ beim Campbeltown Museum gewidmet. In letzter Zeit las man in der Presse wiederholt vom schlechten Zustand seiner Farmen, immer wieder fand man dort verendete Schafe. Über den Leuchtturm am Mull singt er „Mull of Kintyre, oh mist rolling in from the sea“, und dieser Dunst vom Meer ist legendär. Man erreicht den Parkplatz des Leuchtturms über eine enge, kurvige Straße (kei-

Steilküste südlich von Machrihanish

Strand bei Machrihanish

nesfalls mit dem Wohnwagen befahren!), doch der Schranken liegt hoch oben zwischen den Gipfeln. Von dort aus muss man zu Fuß dem Pfad hinunter folgen. Oft bemerkt man erst nach einigen hundert Metern, dass der Leuchtturm selbst im Nebel liegt, der vom Meer hochsteigt. Möchte man nicht ganz hinuntersteigen, dann geht man am besten bis zu einem Denkmal, das an den Hubschrauberabsturz 1994 erinnert. 29 Menschen, darunter fast der gesamte damalige Nordirland-Geheimdienst der MI5, kamen an jenem nebligen Tag ums Leben. Vom Denkmal aus, auf das Kameraden der Gefallenen immer wieder Münzen legen, hat man – bei klarer Sicht – einen guten Blick auf den Leuchtturm und auf die nur 12 Kilometer entfernte Küste Irlands.

Höhle mit Wandmalerei

Davaar Island: Damm bei Ebbe

Leuchtturm auf Davaar Island

Auf dem alten Graspfad ein Stück weiter unten findet man vier große Steine. Sie markieren die Gräber der vier Kinder eines Leuchtturmwärters, die an hohem Fieber verstarben, weil wegen eines andauernden Sturmes kein Arzt geholt werden konnte.

An der Südspitze von Kintyre, bei Southend, findet man einen kleinen Friedhof am Meer und die Ruine einer Kapelle aus dem 13. Jahrhundert. Einige der Grabsteine in der Ruine (mit Ritter und mit Schwert) sind mittelalterliche Steinmetzarbeiten der Meister von Saddell. Hier soll der irische Missionar St. Columba im 6. Jahrhundert erstmals den Fuß auf schottischen Boden gesetzt haben. Ganz in der Nähe gibt es eine Stelle mit Fußabdrücken im Stein, einer davon soll der Legende nach von ihm stammen (der zweite stammt aus 1856). Viel realistischer ist aber, dass der ältere Abdruck mit der Krönungszeremonie eines Königs zu tun hat (man findet einen solchen z. B. auch in Dunadd).

Am anderen Ende der wunderschönen Sandbucht, auf einem markanten Felsen, befand sich einst die Burg Dunaverty Castle. Obwohl kaum noch etwas davon übrig ist, sieht man sofort, welch außergewöhnlich schöner Platz für eine Burg dies war, und es ist immer noch ein außergewöhnlich schöner Platz für einen Spaziergang. Doch im Jahr 1647 geschah hier ein Massaker: 300 Angehörige des Clans MacDonald wurden von den Campbells in die Falle gelockt und ermordet. Nur Ranald MacDonald, der damals als kleines Baby von seiner Amme Flora MacCambridge in einen Campbell-Tartan gewickelt und in der Nacht aus der Burg geschmuggelt wurde, entkam dem Gemetzel. Sie versteckten sich in einer Höhle bei Keil ganz in der Nähe, in der auch St. Columba einst Unterschlupf gefunden haben soll. Ranalds Grab findet man auch auf dem kleinen Friedhof, eingefasst von einem rostigen Gitter.

Fährt man der Ostküste entlang nach Norden, sollte man in Torrisdale einen Zwischenhalt einlegen. Die Torrisdale Bay ist eine der schönsten Buchten von Kintyre. Am nördlichen Ende des Sandstrandes kann man über die Felsen in die nächste Bucht klettern. Mit etwas Glück hat man diese für sich allein. Folgt man einer kleinen Straße ein paar hundert Meter Richtung Westen, kommt man zu einem stattlichen Herrenhaus und Hotel. Die Besitzer, Niall and Emma Macalister Hall, haben auf ihrem Grundstück auch eine nachhaltige Gin-Destillerie mitsamt eigenem Wasserkraftwerk errichtet. Man kann Führungen buchen, verkosten und einkaufen.

Etwas nördlich von Cloanaig, von wo die Fähre auf die Insel Arran übersetzt, liegt die Ruine von Skipness Castle. Seine Ursprünge gehen auf das 12. Jahrhundert zurück. Es ist im Sommer frei zugänglich. Skipness ist eine von einer Handvoll Burgen in Schottland, in der der Legende nach eine Gruagach, also eine Green Lady oder Grüne Frau spukt. Sie wird als kleinwüchsig, mit langen grünen Kleidern und goldenen Haaren beschrieben, verteidigt ihren Besitz vor Eindringlingen, indem sie Verwirrung stiftet, füttert Hühner und mag keine Hunde. In Skipness gibt es zwei Restaurants, wo man Fisch und Meeresfrüchte essen kann (Seafood Cabin, The Smokehouse), und man hat einen wunderschönen Blick auf die Insel Arran.

Freunde von frischem Fisch kommen auch in Tarbert auf ihre Kosten, hier gibt es ausgezeichnete Restaurants und Fischgeschäfte. Die meisten Touristen besuchen Tarbert nur, um dort zu übernachten und am nächsten Tag mit der Fähre vom nahen Kennacraig nach Islay weiterzureisen. Doch der hübsche Fischerort, der den nördlichen Abschluss der Halbinsel Kintyre bildet, ist eigentlich einen etwas längeren Besuch wert. Es gibt mehrere Orte in Schottland mit dem Namen „Tarbert“, denn der Ortsname bedeutet nichts anderes als „das Boot ziehen“. Ein „Tarbert“ ist daher ein Isthmus, also eine Landenge, über die man notfalls ein Boot ziehen kann. In diesem Falle sind es nur etwa 1,5 Kilometer, die zwischen West Loch Tarbert und East Loch Tarbert (ein Teil von Loch Fyne) liegen, und Kintyre ist also fast eine Insel. Man erzählt sich, dass der norwegische König Magnus Barfuß im 11. Jahrhundert mit König Malcolm III. von Schottland vereinbart hat, dass jegliches Land in Argyll, das er umsegeln konnte, künftig unter seiner Herrschaft stand. Daraufhin zog er sein

Hafen von Tarbert mit Burgruine im Hintergrund

Blick auf den Ort Tarbert

Boot bei Tarbert 1,5 Kilometer über Land, um Kintyre zu „umsegeln".

Tarbert ist ein romantisches, hübsches Fischerdorf, ganz gegensätzlich zu Campbeltown. Das Meer, Loch Fyne, ist hier ruhig, der wilde Atlantik weit weg. Über dem Dorf thront die Ruine einer Burg, die mit Robert the Bruce in Verbindung steht. Zwischen den alten Gemäuern weiden Schafe, und man hat einen schönen Blick über den Hafen. Am nördlichen Ende der Bucht kann man einen Spaziergang durch den Wald bis zur Bucht Port Ban (White Shore) machen.

Wer einen längeren Urlaub auf Kintyre verbringt, sollte unbedingt auch einen Abstecher auf die Insel Gigha (sprich: Gi-ja) machen. Aber das ist eine andere Geschichte ... Wer sich auf spannende Weise geistig nach Campbeltown versetzen möchte, der kann Denzil Meyricks Kriminalromane lesen. Die Stadt, in der Kommissar Jim Daley ermittelt, wird in den Büchern „Kinloch" genannt.

Burgruine über Tarbert

Am ruhigen Ufer des Loch Fyne

Die Bucht Port Ban

Glen Coe – Traumkulisse für ein Massaker

So grausam war das Massaker von Glen Coe, dass mehr als 300 Jahre später noch jedes Schulkind in Großbritannien im Geschichtsunterricht davon hört. In den Schulbüchern heißt es vereinfacht, der Campbell-Clan hätte in den schottischen Highlands den MacDonald-Clan heimtückisch massakriert. In Wirklichkeit reicht die Befehlskette über Regierungsbeamte bis hinauf zum König; die Campbells wurden vorgeschoben, damit es wie ein Konflikt unter Clans aussieht. Und bestraft für das grausame Morden wurden, wie so oft in der Geschichte, nur die untersten Befehlsausführer, während die Drahtzieher fast ungeschoren davonkamen.

Es begann im Jahr 1691, als Wilhelm von Oranien mit seiner Armee in Britannien einmarschierte, König Jakob von England und Schottland vom Thron warf und in die Flucht schlug. Jakob jedoch war ein Stuart schottischer Herkunft, und die Clans in den Highlands standen mehrheitlich auf seiner Seite. John Campbell, der Earl of Breadalbane, genannt der „schlüpfrige John", war immer auf seinen eigenen Vorteil bedacht und wollte auf der Gewinnerseite stehen. Während nun Jakob in Frankreich Unterstützung für eine Rückeroberung suchte, bot John Campbell König Wilhelm seine Hilfe an: Er würde alle Clanoberhäupter versammeln, damit sie einen Eid auf den neuen König ablegen. Dazu würde ein wenig Bestechungsgeld nötig sein. Campbell war das sehr recht, weil einige Clanoberhäupter Schulden bei ihm hatten, besonders Alistair MacIain, Chief der MacDonalds aus Glen Coe, und die Summe würde er dann einfach einbehalten. Auf der Versammlung handelten John Campbell und die Clan-Chiefs einen heimlichen doppelten Deal aus: Die Chiefs würden ein Dokument über den geleisteten Eid unterzeichnen. Sollte jedoch Jakob den Thron zurückerobern, dann würde dieses Dokument einfach zerrissen. Die Clan-Oberhäupter bestanden außerdem darauf, sich Jakobs Einverständnis für diesen doppelten Deal zu holen. Für die Unterzeichnung wurde eine Frist von einem halben Jahr vereinbart, und ein Brief an den Exilkönig Jakob wurde sofort losgeschickt.

Die Frist endete am 31. Dezember 1691. Der Antwortbrief aus Frankreich mit der Zustimmung Jakobs brauchte lange und wurde in London von Regierungsspitzeln abgefangen. Der doppelte Deal flog auf, und Staatssekretär John Dalrymple war wütend. Dalrymple war selbst Lowlander, und die Highlander waren in seinen Augen Barbaren. Der Brief wurde wieder zugeklebt und weitergeschickt, doch erreichte er erst einen Tag vor Ablauf der Frist das entlegene Glen Coe. Chief MacIain ritt zunächst nach Fort William, bemüht, den Eid noch rechtzeitig abzulegen. Von dort wurde er aber nach Inveraray verwiesen. Seine Unterschrift wurde schließlich akzeptiert, obwohl sie sechs Tage zu spät geleistet worden war, und er wiegte sich und seinen Clan in Sicherheit.

Dalrymple erfuhr jedoch von der Verspätung und beschloss, die MacDonalds zur Abschreckung besonders hart zu bestrafen. Clan MacDonald war ein kleinerer, verarmter Clan, der den Nachbarn immer wieder Vieh stahl. Sie waren unwichtig und unbeliebt genug, dass nicht mit Rache der anderen Clans zu rechnen war. Dalrymple holte sich also die Billigung des Königs für sein Vorgehen und wählte dafür als Ausführer Captain Robert Campbell of Glenlyon, der den Campbells, dem Nachbarclan der MacDonalds, angehörte. Robert war ein Säufer und Spieler; er war das unterste und schwächste Glied der Befehlskette.

Robert Campbell wurde mit 120 Soldaten nach Glen Coe geschickt. Die genaue Mission war ihnen noch unbekannt, Steuereintreibung wurde von den Beamten als Vorwand benutzt. Die MacDonalds wiegten sich in Sicherheit – sie hatten ihren Eid ja geleistet – und quartierten die Soldaten in üblicher Gastfreundschaft zehn Tage lang in ihren Häusern ein. Am Abend des 12. Februar – Campbell saß gerade mit Chief MacIain bei Tisch in dessen Hütte – erhielt Robert den Befehl, den Clan samt seinem Oberhaupt im Morgengrauen zu massakrieren. Sollte er sich weigern, würde er wegen Hochverrats angeklagt werden.

34 Männer, zwei Frauen und zwei Kinder wurden von den Soldaten getötet, die Häuser in Brand gesteckt. Viele weitere erfroren auf der Flucht. Die überlebenden MacDonalds kehrten später zurück, um ihre toten Clanmitglieder zu begraben und

ihre Häuser wiederaufzubauen. John Dalrymple kochte vor Wut, weil die Soldaten nicht ganze Arbeit geleistet und sogar die beiden Söhne des Chiefs überlebt hatten. Doch die Kunde von diesem besonders heimtückischen Verbrechen verbreitete sich. Das Dokument mit dem Befehl zur Tötung geriet in die Hände von Journalisten und wurde sogar in der Paris Gazette veröffentlicht. Ganz Europa war damals schockiert.

König Wilhelm stimmte schließlich einer gerichtlichen Untersuchung zu. Staatssekretär John Dalrymple wurde seines Amtes enthoben, erhielt aber bald darauf einen anderen Posten. Breadalbane wurde wegen des doppelten Deals verurteilt, aber bald wieder aus dem Gefängnis entlassen. Robert Campbell wurde der „Tötung unter einem Vertrauensverhältnis" schuldig gesprochen, obwohl er nur Befehle ausgeführt hatte. Er starb jedoch schon vorher an Alkoholismus und Schuldgefühlen. Der Clan der Campbells ist seinen Ruf als Mörder des Nachbarclans bis heute nicht mehr losgeworden. Ob man sie jedoch dafür verantwortlich machen darf? Die Geschichte ist in Wahrheit etwas komplizierter. Und sie trug sicher dazu bei, dass sich viele Highlander den Jakobiten-Aufständen von 1715 gegen das Königshaus in London anschlossen.

Glencoe besuchen

Das Tal Glen Coe hat nicht nur durch das Massaker Berühmtheit erlangt. Es diente auch als Filmkulisse für Braveheart,

Rob Roy, Skyfall und Harry Potter. Eine vielbefahrene Passstraße führt durch das Tal, bei schönem Wetter eine beliebte Motorradstrecke. Außerdem durchquert man Glen Coe auf einer Etappe des Weitwanderweges „West Highland Way".

Glen Coe besticht durch karge landschaftliche Schönheit. Kommt man in die Gegend, sollte man abseits der stark befahrenen Straße eine kleine oder größere Wanderung unternehmen oder die Natur mit dem Mountainbike erkunden. Auch ein Abstecher in das Seitental Glen Etive lohnt sich, wo die einspurige Straße am See Loch Etive endet.

Dort, wo sich das Tal in Richtung Loch Leven öffnet, befindet sich die Ortschaft Glencoe. Das Visitor Centre informiert hier über Geschichte und Geologie, es bietet auch ein Café und eine Aussichtsplattform. In der Nähe befindet sich der Gedenkstein für die Opfer des Massakers, noch heute für viele ein Symbol des schottischen Nationalismus.

Im Tal gibt es ein Folk Museum mit historischen Häusern samt Einrichtung und Geräten. Für Geologie-Interessierte gibt es in der Region viel zu sehen: Glen Coe ist ein riesiger alter Caldera-Vulkan, dessen Zeugnisse man noch überall sehen kann. Sportliche können übrigens nonstop von Fort William nach Inverness paddeln, entlang der Seen und Wasserläufe des Great Glen, einer tektonischen Verwerfung quer durch Schottland. Angeboten werden auch kürzere, geführte Touren. Wer etwas für Gesundheit und Wohlbefinden tun will, kann außerdem ein Yoga-Retreat beim Highland Yogi buchen.

Glen Coe im Winter

Loch Tulla, Glen Coe

Kraftplätze

Das Wort „Kraftplatz" ist zum etwas abgedroschenen Modewort geworden. Ein Kraftplatz ist ein Ort, der einem Energie gibt. Man kann versuchen, dies wissenschaftlich oder esoterisch zu begründen und zu messen, mit Theorien der Geomantik, des Feng-Shui, der Energetik. Man kann sich auf die historische Bedeutung eines Ortes berufen, zum Beispiel als Kultplatz oder religiöse Stätte. Ich selbst aber verlasse mich lieber auf meine Intuition. Für mich sind Kraftplätze etwas Subjektives: Orte, die meiner Seele guttun, die ich mit positiver Stimmung und tollen Erinnerungen verbinde, wo ich mich geborgen fühle. Und solche Orte gibt es für mich in Schottland wie Sand am Meer.

Das Meer im buchstäblichen Sinne spielt hier bei mir fast immer eine wichtige Rolle, ganz besonders in Schottland mit seinen atemberaubenden Küsten. Wenn ich auf das Wasser hinausschaue, fühle ich mich klein im Vergleich zur unendlichen Weite und Gewalt der Natur. Dadurch bekomme ich eine andere Perspektive auf mein eigenes Leben, meine Gefühle und meine Sorgen. Das immer im Wandel befindliche Element berauscht mich und macht mich glücklich, es ist mein absoluter Sehnsuchtsort. Aber auch Bäche, Seen, Felsen, Gipfel, tiefer Wald und besondere Flora und Fauna eines Ortes können eine befreiende und regenerierende Wirkung auf mich haben; Geräusche und Gerüche können zusätzlich verzaubern.

Bei der Urlaubsplanung sollten wir uns die Wirkung von Kraftplätzen zunutze machen. Ein Schottland-Urlaub hat unendlich viel Potential, Stress abzubauen und neue Energie aufzutanken. So manche Reiseroute klingt aber eher wie ein Marathon, mit zwei bis drei Stunden Autofahrt täglich, getrieben von dem Wunsch, nur ja in kürzester Zeit möglichst viel zu sehen. Auch wenn der Urlaub kurz ist, sollte man unbedingt Zeit einplanen, um einmal die Schuhe auszuziehen und das kühle Meer mit den Füßen zu spüren oder mit einem Glas Whisky auf einem Felsen zu sitzen und in den Sonnenuntergang zu schauen. Vielleicht schafft man es ja auch, einen sonst stark frequentierten geschichtsträchtigen Ort zeitig in der Früh zu besuchen, um die ganze Mystik besser auf sich wirken zu lassen. Hat man etwas mehr Zeit, dann könnte man Inseln mit dem Fahrrad (Great Cumbrae) oder einem Pony (Isle of Eigg) erkunden, einen Fisch-Räucherkurs (Hawick) oder einen Distilleries-Walk (Dufftown), einen Foto- oder Malkurs oder einen Yoga-Retreat buchen, je nach Vorliebe.

Zudem sollte sich so mancher Schottland-Tourist einmal Gedanken darüber machen, wie viel er oder sie von der Landschaft durch die Linse von Handy oder Kamera zu sehen

Meine Füße im Sand

Brandung bei Lossiemouth

bekommt, oder doch lieber mit freiem Auge genießen kann. Man sollte sich auch auf keinen Fall davor scheuen, Schottland allein zu bereisen. An Kraftplätzen fühlt man sich niemals einsam, denn man spürt die Gewalt der Natur um sich. Und Kraftplätze findet in Schottland jeder zur Genüge, der sie nur sucht. Obwohl jeder seine eigenen, subjektiven Kraftplätze finden wird, möchte ich hier ein paar wenige Orte beschreiben, die mich besonders fasziniert haben.

Burghead

Die Moray Coast wird von den meisten Schottland-Besuchern „rechts" liegen gelassen, völlig zu Unrecht. Burghead ist eine kleine Halbinsel, auf der man die Überreste eines einst sehr imposanten piktischen Forts findet. Leider wurden das gleichnamige Fischerdorf und der Hafen auf dem Reißbrett geplant und in den Jahren 1905 bis 1909 rücksichtslos auf den alten Ruinen errichtet. Auch eine heidnische Neujahrs-Tradition hat sich hier erhalten, „The Burning of the Clavie". Im Westen von Sandstränden und im Osten von tosenden Wellen umgeben, hat man auf dem grünen Hügel von Burghead immer das Gefühl, über einen ganz besonderen Boden zu gehen, dessen 1500-jährige Geschichte noch kaum erforscht ist.

Anker und Reste piktischer Wälle in Burghead

Schiffswrack im Sand bei Burghead

North Berwick

Schöne Strände laden zu Spaziergängen ein, der Ort selbst bietet Cafés und Restaurants zum Verweilen. Zwischen kleinen Fischerhäuschen und umgebauten Hafenspeichern sollte man unbedingt hinaus auf den Felsvorsprung beim Hafen gehen, vorbei an den Ruinen eines kleinen Kirchleins. Hier ließ Duncan, der Earl of Fife, im Jahr 1154 eine Kirche und ein Hospital für Pilger errichten, die zu Tausenden auf ihrem Weg nach St. Andrews in North Berwick Schiffe über den Firth of Forth bestiegen. Von der einstigen Kirche sieht man nur noch die Umrisse, und eine kleine Vorkapelle blieb erhalten. Am Freizeithafen mit seinen bunten Booten findet man ein aufgelassenes, altes Freibad. Direkt neben der Kirchenruine befindet sich ein kleines Lokal in einem Steinhäuschen mit ausschließlich Gastgartenbetrieb und das Scottish Seabird Centre. Dieser Ort ändert seinen Charakter je nach Wasserstand und Wetter, hat immer eine ganz besondere Atmosphäre.

Abendstimmung in North Berwick

Felsvorsprung im Hafen von North Berwick

Strand bei North Berwick

Arran – Holy Isle

Während die Fähren heute in Brodick anlegen, ist Lamlash der historisch gewachsene eigentliche Hauptort der Insel Arran. In der Bucht von Lamlash liegt die kleine Insel Holy Isle, die ihrem Namen alle Ehre macht. Schon im sechsten Jahrhundert befand sich dort eine Einsiedelei des Mönchs St. Molaise, später eine heilige Quelle und ein Kloster aus dem dreizehnten Jahrhundert. Heute gibt es dort ein buddhistisches Zentrum für Weltfrieden und Gesundheit, und es lebt eine Gemeinschaft von Nonnen auf der Insel. Einzigartig ist die Tier- und Pflanzenwelt: Man findet sogar wilde Ponys, Ziegen und Schafe. Nicht für jeden sichtbar ist die seit 2008 geschützte Unterwasserwelt, die langsam zu ihrer früheren Artenvielfalt zurückfindet. Im Sommer gelangt man mit einer Fähre auf Holy Isle. Den besten Blick auf die kleine Insel hat man übrigens bei einer Wanderung von Brodick nach Lamlash, vom Ort des prähistorischen Hügel-Forts Dun Fionn.

Blick auf Holy Isle von Dun Fionn

Gastgarten in Lamlash

Sweetheart Abbey

Abteiruinen gibt es in Schottland viele, zumal die Klöster allesamt in der Zeit der Reformation aufgelassen wurden. Melrose, Jedburgh, St. Andrews, Elgin, Iona, Dunfermline sind vielleicht bekannter und spektakulärer, doch die Sweetheart Abbey nahe Dumfries ganz im Süden Schottlands strahlt für mich ein einzigartiges Flair aus Romantik und Ruhe aus. Das verschlafene kleine Nest New Abbey rund um die Ruine wurde zu Recht 2012 zum schönsten kleinen Dorf Schottlands gekürt, und die nahe Meeresbucht Solway Firth ist malerisch schön, besonders der kleine Sandstrand Powillimount Beach zwischen imposanten Felsen.

Die Zisterzienser-Abtei wurde 1273 von Dervorguilla, Lady von Galloway, zum Gedenken an ihren verstorbenen Ehemann John de Balliol gegründet. Sie soll dessen Herz einbalsamiert und in einer Dose aufbewahrt haben, bis es schließlich mit ihr in der Abtei bestattet wurde. Die roten Sandstein-Mauern der Ruine bilden einen eindrucksvollen Kontrast zum sanften Grün des Rasens, bei Sonne entsteht zwischen den Mauerresten und Gräbern ein Spiel aus Licht und Schatten.

Sweetheart Abbey

Am Solway Firth

Neist Point, Isle of Skye

Die Isle of Skye ist gleich nach Edinburgh der meistbesuchte Ort Schottlands. Zum Glück durfte ich sie besuchen, bevor sie von Touristen überrannt wurde. Und die Westspitze der Insel, Neist (sprich „Niest") Point, ist wohl eines der bekanntesten Fotomotive Schottlands. Besonders außerhalb der Saison oder frühmorgens oder abends zum Sonnenuntergang lohnt sich ein Ausflug trotzdem. Vom kleinen Parkplatz am Ende der einspurigen Straße kann man zunächst einen sumpfigen Weg ein Stückchen nach Nordwesten gehen, um den schönsten Foto-Hotspot zu finden. Der etwas bessere Weg führt innerhalb der Klippen des markanten Felsens An t-Aigeach (Gälisch für Hengstkopf) entlang und hinunter zum Leuchtturm, der seit 1909 in Betrieb ist.

Die Leuchtturmgebäude selbst sind in Privatbesitz, dienten einst als Bed & Breakfast und sind jetzt etwas desolat. Ein früherer Besitzer kam 2002 auf die Idee, von den Spaziergängern Eintritt zu verlangen. Das wurde aber bald wieder unterbunden. Die Natur sollte für jeden frei zugänglich sein. Auf dem Plateau auf einem Stein sitzend oder östlich vom Leuchtturm auf dem kleinen Anlegersteg mit Kran kann man mit etwas Geduld und Glück Orcas, Delphine oder Otter beobachten (auf dunkle Buckel und Flossen zwischen den Wellen achten). Und bei klarem Wetter sieht man hinüber zu den Äußeren Hebriden-Inseln Benbecula, North und South Uist. Die Basaltsäulen der Felsen haben Ähnlichkeit mit dem Giant's Causeway in Irland und sind bestimmt auch vom Meer aus ein faszinierender Anblick (Bootstouren gibt es von Carbost aus), und die sich ständig ändernden Lichtverhältnisse lassen die Felsen immer anders erscheinen, von dunkelrot über golden bis silbrig grün. Trittsicherheit ist in der Nähe der Klippen wichtig, es lohnt sich nicht, für ein Instagram-Foto abzustürzen. Nach einer Weile des Staunens und Hinausschauens aufs Meer hat man auch wieder Energie für den Rückweg über unzählige Stufen zum Parkplatz.

Auch Talisker Bay, etwas weiter im Süden auf der Insel Skye gelegen, ist für mich mit ihrem fast schwarzen Geröll (bei Flut) und dunkelgrauen Sand (bei Ebbe) ein beinahe magischer Ort. Da man nur zu Fuß hierherkommt und es keine Mülleimer gibt, häuft sich leider in den letzten Jahren der Plastikmüll. So schön manche Plätze hier auch sein mögen, kann ich Skye nicht mehr zu 100 Prozent für einen Besuch empfehlen.

Neist Point Leuchtturm

Neist Point mit An t-Aigeach

Neist Point mit Waterstein Head im Hintergrund

Besuch in Edinburgh 1784

Die folgenden beiden Texte sind fiktionale Texte. Die Person des Ich-Erzählers ist frei erfunden. Alle anderen Personen sind sehr real, Ereignisse haben sich tatsächlich so oder so ähnlich zugetragen. Sie sind gut recherchiert und historischen Quellen folgend wiedergegeben. Mit den beiden Texten möchte ich das Edinburgh des späten 18. Jahrhunderts – eine ganz besondere Zeit für die Stadt – wieder zum Leben erwecken und dem Leser ermöglichen, sich in diese Zeit und an diesen Ort zu versetzen. Auf möglichst unterhaltsame und lebendige Art soll man die damaligen Ereignisse erfahren und miterleben können. Geschichte besteht nicht nur aus Zahlen und Fakten, sondern aus Personen und ihren Erfahrungen.

Ankunft

Es war Juli 1784, als ich im Hafen von Leith ankam. Über zwanzig Jahre war es her, dass ich das letzte Mal in Edinburgh gewesen war. Mein Freund Adam Ferguson hatte eine Kutsche für mich bereitgestellt, die mich zu seinem Haus in Sciennes[1] Hill bringen sollte. Es war ein angenehm warmer Abend und die Sonne würde bald über dem Firth of Forth untergehen. Ich spürte eine gewisse Aufregung, nach so langer Zeit in diese Stadt zurückzukehren. Hier hatte ich meine Kindheit verbracht, und ich erinnerte mich dunkel an die schmalen, schmutzigen Gässchen der Altstadt, an die Burg, an das Nor' Loch[2], das furchtbar stank und das wir als Kinder als unheimlich empfanden.

Die Straßen waren schlecht und die Fahrt holprig und beschwerlich. Ich versuchte immer wieder einen wackeligen Blick auf die in der Dämmerung liegende Stadt zu erhaschen. Als wir von Holyrood aus den Bergrücken zur Altstadt hinauffuhren, fiel mir sofort auf, dass das Stadttor, die Netherbow Port, verschwunden war. Früher hätten Kutschen wie meine nur knapp das schmale Tor passieren können. Jetzt öffnete sich die High Street breit und ließ Ankömmlinge hindurch. Doch irgendwie hatte ich dabei gemischte Gefühle. Das Tor war mehr als nur ein Gebäude gewesen, und diese neue Offenheit nahm der Stadt irgendwie auch den Stolz ihrer Befestigung und ihrer Stärke. Je mehr ich heute darüber nachdenke, desto kennzeichnender empfinde ich das Aufgeben des Stadttors für den Wandel, der sich damals vollzog. Aus den Erzählungen meines Vaters wusste ich, wie undenkbar das alles noch vor Jahren gewesen wäre. Nach den Aufständen der Jakobiten hatten die Engländer sogar damit gedroht, das Tor einfach niederzureißen, damit englische Truppen im Fall des Falles ungehindert in die Stadt marschieren könnten. Vehement wehrten sich die Stadtväter damals gegen diesen Plan. Letztendlich fiel das Tor; nicht um den Engländern den Einmarsch zu erleichtern – mit deren Allgegenwart hatte man sich inzwischen abgefunden –, sondern um Fortschritt und Vernunft den Weg zu bahnen.

Am Tolbooth setzte mich die Kutsche ab und ich musste umsteigen in einen Sedan-Sessel. Mit diesen könne man besser durch die engen Gässchen manövrieren. Einer meiner Träger war ein echter Highlander, ein junger Mann im Kilt und langen Umhang, der kaum Englisch sprach. Mein Scots Dialekt war etwas eingerostet, dennoch konnte ich das meiste verstehen. Aber Gälisch hatte man in unserer Familie nie gesprochen, und Leute aus den Highlands hatte ich als Kind in Edinburgh kaum gesehen. Doch ich hatte schon gehört von den Vertreibungen der Bauern aus den Tälern und den vielen Menschen, die weiter im Süden Arbeit suchten. Ich konnte nur allzu gut verstehen, dass für diesen Highlander die traditionelle Tracht ein Ausdruck der Verbundenheit zu seiner Heimat war, die er hatte verlassen müssen. Bis vor Kurzem war das Tragen von Tartan-Bekleidung verboten gewesen, und gerade deshalb trug man sie jetzt bewusst. Der Umhang des Highlanders machte sich bald bezahlt, als aus den dunklen Stadthäusern über uns jemand „Gardyloo!“[3] rief und kurz darauf einen Eimer Dreck heruntergoss. Zum Glück war mein Sedan-Sessel überdacht und ich bekam nicht allzu viel ab. Meine Träger ließen sich nicht beeindrucken und liefen einfach weiter.

Wir liefen hinunter zum Cowgate und hinaus zwischen Pferdeställen und Wiesen bis Sciennes Hill. Mein Freund Adam Ferguson erwartete mich mit Freude und wir diskutierten bis in die Nacht hinein und tranken schweren Portwein. Adam war ein genialer Mensch, mit dem man endlos Gott und die Welt erörtern konnte. Wir hatten uns auf einer Studienreise in Leipzig kennengelernt, und er war es, der mich in den nächsten Wochen mit vielen anderen Persönlichkeiten dieser Stadt bekannt machen würde. Der Grund meines Besuchs in meiner Geburtsstadt war der Tod meines Vaters, der hier in der Umgebung noch einige Ländereien besaß. Und so wollte ich mich gleich am nächsten Tag mit meinem Advokaten, Henry Mackenzie, treffen, der diese verwaltete. Henry war ein Freund meiner Familie und ich kannte ihn noch aus meiner High-School-Zeit.

Stadt im Wandel

Im Licht der morgendlichen Sonnenstrahlen offenbarten sich erst die großen Veränderungen in der Stadt. Erstaunt stand ich am Mound und blickte hinunter, dorthin, wo in meiner Kindheit das Nor' Loch gelegen hatte. Der stinkende See war zugeschüttet worden, und dahinter erstreckte sich die größte Baustelle, die ich je gesehen hatte. Eine neue Stadt für die Reichen sollte hier entstehen, und Richtung Osten standen bereits Reihen stattlicher Häuser, dazwischen reges Treiben der Arbeiter, die neue Bauten entstehen ließen. Prachtvolle Plätze und breite, gerade Straßen waren ein krasser Gegensatz zu dem, was ich vom verwinkelten alten Edinburgh in Erinnerung hatte. Eine imposante Steinbrücke spannte sich vom Bergrücken der Old Town hinüber zur gerade entstehenden New Town. Das Stadthaus meines Großvaters in einem der kleinen Gässchen war der North Bridge zum Opfer gefallen. Ehrfürchtig stand ich da, denn so viel Umbruch und Erneuerung hatte ich weder in London noch in Leipzig je erlebt. Doch ein bisschen Wehmut gesellte sich auch dazu, denn mir wurde klar, dass ich das Edinburgh meiner Kindheit nie wiedersehen würde.

In den Straßen der Altstadt kehrten junge Hausmädchen die Treppen und versuchten, die Abwässer und Nachttopf-Inhalte, die von den oberen Stockwerken auf die Straße gegossen worden waren, von ihren Hauseingängen weg in Richtung Straße zu befördern, jeden Morgen aufs Neue. Dort, wo in meiner Jugend ein Zinshaus eingestürzt war und einige Bewohner in den Tod gerissen hatte, stand das stattliche Gebäude der Börse. Die Luckenbooths[4] mit ihren hölzernen Galerien, kleinen Geschäften und Silber- und Goldschmieden teilten die High Street in zwei kleine Gassen, und ich zwängte mich durch das rege Treiben der Krames zwischen diesen Gebäuden und der St. Giles Kirche. Hier verkauften fahrende Händler alle möglichen Kuriositäten an kleinen Marktständen. Es stank nach Abwässern und in den Ecken saßen Bettler und Arme. An einer Stelle hatte sich eine größere Menschenmenge versammelt um einen Mann im Indianer-Kostüm. Peter Williamson, oder Indian Peter, führte reich geschmückt einen Tanz vor. Dann demonstrierte er der staunenden Menschenmenge vor seinem Geschäft seine tragbare Druckerpresse und verkaufte Kopien seines Straßen- und Adressenverzeichnisses.

Später, in seinem Coffee House in der Parliament Hall, wo ich auch meinen Anwalt traf, erzählte mir Peter seine Geschichte. Er war als Achtjähriger in Aberdeen entführt und als Sklave in Amerika verkauft worden. Dort wurde er Jahre später von Cherokee Indianern verschleppt, kämpfte auf Seiten der Engländer, geriet in Kriegsgefangenschaft und kam durch einen Gefangenenaustausch nach England zurück. Durch seine Erlebnisse hatte er viele Dinge gesehen und gelernt und vermochte es durchaus, daraus Geld zu machen. Sein Café, seine Kneipen, seine Druckerei und seine Penny-Post kannte hier jeder, und ohne ihn wäre diese Stadt um eine Attraktion ärmer gewesen.

Mein Advokat Henry wartete schon im Coffee House und auf Drängen Adam Fergusons auch dessen Freund John Walker. John war ein Experte in Sachen Landwirtschaft und Industrie. Er unterbreitete mir sofort seine Vorschläge, die Nutzung meiner Ländereien zu reformieren und eine Kohle-Mine zu errichten. Die Besitzungen würden wesentlich mehr Geld abwerfen, wenn man die gemeinsam genutzten Weideflächen abschaffen und das Land in einzelne Pacht-Parzellen aufteilen würde. Reformen, Reformen, Reformen und Fortschritt an jeder Front. Das nötige Geld, um in eine Kohle-Mine und Arbeitersiedlung zu investieren, konnte ich in nächster Zeit nicht aufbringen. Von der Landwirtschaft hatte ich keine Ahnung, doch ließ ich John und Henry diese Angelegenheit aushandeln und übergab Henry eine großzügige Summe für seine Dienste. Dass mein eher bescheidener Landsitz in ausgezeichnetem Zustand war, wurde mir eingehend versichert, und so vereinbarten wir drei einen baldigen Besuch dort.

Vergnügungen

Das Leben in Edinburgh begann mir zu gefallen. Ich verbrachte meine Tage in Creech's Land, einem Buchladen in den Luckenbooths, der meinem alten Schulfreund William Creech gehörte. Ich besuchte Konzerte in St. Cecilia's Hall im Cowgate und erlernte in diesem Sommer auch das Golfspiel auf den Bruntsfield Links. Ich verbrachte viel Zeit im Hause Henry Scotts, dem Duke of Buccleuch, in Dalkeith. Henry hatte eine exzellente Bibliothek, und er zog das Leben in Edinburgh dem in London vor. Hier kannte jeder jeden, Intellektuelle würden einander unterstützen, und selbst Kirchenleute wie Adam Ferguson sahen die Notwendigkeit des Fortschritts ein. Viele der führenden Denker unserer Generation waren selbst Kirchenmänner. Man traf sich, um zu diskutieren und das kulturelle Leben zu genießen. Henry selbst trug viel zu dieser Gesprächskultur bei, denn er war es, der kurz zuvor die Royal Society gegründet hatte, wo sich die wichtigsten Vertreter von Wissenschaft und Kunst trafen. Und unsere ausgedehnten Gespräche trugen viel dazu bei, dass mein Aufenthalt in Edinburgh letztendlich länger dauerte als geplant.

Henry nahm mich kurz darauf auch mit zu den Pferderennen nach Leith. Ich erinnerte mich daran, als Kind dort einmal gewesen zu sein. Es war ein Volksfest, das seinesgleichen suchte. Adam hatte mich ausdrücklich davor gewarnt, denn immer wieder gab es dort Prügeleien und der Alkohol floss in Strömen. Das Krankenhaus, The Royal Infirmary, war zu dieser Zeit voll mit Raufbolden und im Rausch gestürzten jungen Männern, und so mancher hatte schon sein Leben gelassen. Mit der Kutsche gab es kein Vorankommen, denn die Edinburgher hatten ihre Geschäfte geschlossen und ihre Arbeit niedergelegt und flanierten zu Tausenden den Leith Walk entlang. An der Promenade gab es Jahrmarktstände und Trinkbuden, Glücksspiel und allerhand Scharlatane. Jongleure und Tänzer zeigten ihre Künste, und mitten unter ihnen ein weiterer meiner einstigen Schulkollegen, James Graham. Er versuchte, die versammelte Menschenmenge von seinen Heilkünsten zu überzeugen, während seine Assistentin, eine hübsche junge Dame, leicht bekleidet ihrem Bad aus Sand und Erde entstieg. Ich vertraute lieber der modernen Medizin, grüßte James dennoch freundlich und kaufte ihm eines seiner Bücher über Fortpflanzung in der Ehe ab. Zumindest würde die Lektüre gute Unterhaltung garantieren. Die Pferderennen selbst schienen nur eine Randerscheinung des ganzen Spektakels zu sein. Henry hatte einen Preis für den heutigen Gewinner spendiert, doch gleich nach der Überreichung machten wir uns aus dem Staub, um dem feiernden, betrunkenen Mob, den Raufbolden und den an jeder Ecke lockenden Prostituierten zu entkommen.

Als eines Tages Adam Ferguson, mein Advokat Henry Mackenzie, unser gemeinsamer Freund John Walker und ich auf dem Weg zu meinem Landsitz waren, kam unsere Kutsche am nordöstlichen Ende des Holyrood Parks vorbei. Dort standen ein paar Schaulustige in Comely Gardens, wo James Tytler gerade wieder einmal versuchte, seinen Ballon zum Aufsteigen zu bringen. Tytler hing in einer Art Weidenkiste unten an seinem Ballon und feuerte einen Ofen an. Der Ballon richtete sich langsam auf und schwankte, und dann hob er tatsächlich ab und bewegte sich in freiem Flug in Richtung Restalrig und den See, landete aber kurz darauf etwas unsanft. Wir applaudierten und jubelten Tytler zu, denn es war eine Sensation, deren Zeugen wir ganz zufällig geworden waren, auch wenn das Abenteuer noch etwas holprig gewirkt hatte. Dann machten wir uns wieder auf den Weg, um dem Rauch und Gestank der Stadt für einige Zeit zu entfliehen und die herrliche Landluft bei gutem Essen und reichlich Bier und Branntwein auf meinem Landgut zu genießen.

[1] „Schiens“ gesprochen

[2] Der See, der sich zwischen Burgberg und der heutigen Princes Street befand

[3] kurz für franz. „Gardez l'eau!“ (Achtung Wasser!)

[4] 1817 abgerissen

Besuch in Edinburgh 1786-1788

Club der Dichter

Es war Dezember 1786, und ich war immer noch nicht nach London zurückgekehrt. Ich saß im Wohnzimmer meines Freundes Adam Ferguson in Sciennes Hill House und war in guter Gesellschaft. Wieder einmal war eine ganze Reihe interessanter Persönlichkeiten zu Besuch bei Adam, und man unterhielt sich über Literatur und Philosophie. Adam Smith war gekommen und ebenso James Hutton, der Geologe. Zum ersten Mal war auch der Dichter Robert Burns zu Gast, der erst kürzlich nach Edinburgh gekommen war. Ich kannte Adams übliche Gäste und fühlte mich schon recht wohl in ihrer Runde. Es war ein großer, aber dennoch heimeliger Raum mit schönen Teppichen und loderndem Kaminfeuer, und wir tranken Claret und blätterten in Zeitungen. Nur Robert Burns schien sich noch ein bisschen fremd in diesen Kreisen zu fühlen. Er wanderte unruhig auf und ab und betrachtete die Gemälde an den Wänden.

Adams Sohn, der auch Adam hieß, kam gemeinsam mit einem Freund zur Tür herein. Die beiden jungen Burschen setzten sich auf eine Sitzbank am Rande des Geschehens und waren augenfällig neugierig. Robert Burns blieb vor einem Gemälde stehen, das einen toten Soldaten zeigte, um den seine Frau mit Kind auf dem Arm und sein Hund trauerten. Burns war sichtlich zu Tränen gerührt, und der ganze Raum war plötzlich still und wandte sich zu ihm um. Er las ein paar Verse vor, die sich unter dem Gemälde fanden:

Cold on Canadian hills or Minden's plain,
Perhaps that parent mourned her soldier slain;
Bent o'er her babe, her eye dissolved in dew,
The big drops mingling with the milk he drew
Gave the sad presage of his future years,—
The child of misery, baptized in tears.

„Wer kann mir nun sagen, wer diese Zeilen geschrieben hat?", fragte er in die Runde. Ich hatte sie schon mehrere Male gelesen, doch hatte ich keine Ahnung. Ich blickte auf und sah nur ratlose Gesichter. Adam Juniors junger Freund jedoch, ein aufgewecktes Bürschchen, flüsterte mir zu „John Langhorne!". Ich wiederholte seine Worte, deutete aber höflich mit der Hand in Richtung des Knaben, denn ich wollte mir ja nicht dessen Lorbeeren einheimsen. Burns hob die Augenbrauen und lobte den Jungen: „Aus dir wird wohl mal ein richtiger Gentleman werden!" Der Knabe, ob der vielen Aufmerksamkeit hoch rot im Gesicht, war niemand geringerer als Walter Scott, und aus ihm wurde ganz gewiss ein Gentleman und ein berühmter Dichter.

Auf ein neues Jahr

Wenige Tage später ging das Jahr 1786 zu Ende und wir feierten Hogmanay. Ich war inzwischen in den obersten Stock eines Hauses am Advocat's Close gezogen. Wohnungen in der Old Town waren mittlerweile günstig zu haben, denn jeder, der etwas auf sich hielt, und die Mittel dazu hatte, zog in die New Town. Dort gab es großzügige Häuser mit Salons und sogar Fließwasser-Leitungen. Die Altstadt wurde immer mehr vom gewöhnlichen Volk besiedelt, und von Leuten wie mir, die die Gelegenheit nutzten. In der Wohnung unter mir wohnte ein Lehrer und im Erdgeschoß eine Stoffhändlerin mit ihren zehn Kindern, die auf dem Erdboden schliefen. Meine junge Hausangestellte bekam nach schottischem Brauch zu Hogmanay eine ordentliche Mahlzeit und einen guten Schluck Whisky. Ich wies sie an, etwas extra Kohle ins Feuer zu legen, damit es in der Nacht nicht ausgehen könne. Es war zwar nur ein dummer Glaube, aber am ersten Tag des Jahres würde einem keiner der Nachbarn Feuer geben wollen, weil dies angeblich ein schlechtes Vorzeichen sei und dessen Haus kurz darauf abbrennen würde.

Ich ging die wenigen Schritte hinunter zur Tron Kirk. Diese Kirche war gar nicht mehr die alte, seitdem ihr Schiff von allen Seiten verkleinert worden war, um Platz für die South Bridge zu machen. Die alten Wohnhäuser links und rechts davon hatte man abgerissen und die Holzbaracke der Town Guard war verschwunden. Die Town Guard selbst war in die

Tolbooth verlegt worden. Und so war vor der Tron Kirk ein kleiner Platz entstanden. Dort versammelten sich Jung und Alt, Arm und Reich, um zu feiern, zu singen und zu tanzen. Man wünschte sich gegenseitig Glück und Segen und teilte Brot, Käse und Whisky mit den Mittellosen. William Creech nahm mich anschließend mit zu einer Oyster Cellar Party. Ich hatte schon einiges an Whisky getrunken und fand mich in dieser fröhlichen Runde aus Frauen und Männern in einem Kellergewölbe. Schweres, dunkles Bier wurde in Karaffen herangebracht und Kerzen und Schüsseln mit Austern auf den großen Tisch gestellt. Man schlürfte und diskutierte angeregt, und als die Nacht voranschritt, begann man Reels zu tanzen. Besonders die Damen erfreuten sich, vom Klang der Violinen beflügelt, der beschwingten Tänze und glitten leichtfüßig durch den Raum. Ich fühlte mich ob des vielen Alkohols schon ein bisschen entkräftet und bleiern. Doch eine der jungen Damen wirbelte etwas zu lebhaft um die eigene Achse und landete schließlich in meinen Armen.

William klärte mich später darüber auf, dass die junge Dame, deren Bekanntschaft ich in der Silvesternacht gemacht hatte, Jean Brodie, die Schwester des Möbeltischlers und Stadtrates Deacon William Brodie war. Brodie hatte ich schon öfters in Creechs Laden gesehen, und ich kannte ihn noch flüchtig aus meiner Zeit an der High School, er war aber ein paar Jahre älter als ich. Seine Schwester Jean kümmerte sich um seinen Haushalt. Brodie nahm mich einmal mit nach Leith zu einem Hahnenkampf. Er züchtete selbst Hähne und setzte dann

Geld darauf, dass sie gewannen, was aber anscheinend nicht immer der Fall war. William Creech warnte mich vor Brodie. „Ein ausgeklügelter Gauner, dem du nicht vertrauen kannst! Hüte dich davor, mit ihm Würfel zu spielen. Seine Würfel sind alle gezinkt." Seine Schwester jedoch war ein anmutiges Geschöpf, fürsorglich und offenherzig. William Creech hatte ich mit Robert Burns bekannt gemacht. Und so kam es, dass William künftig Burns Gedichte veröffentlichte, über seinen Buchladen vertrieb und damit gutes Geld machte, obwohl er Burns immer ein bisschen als unbedarftes Landei abtat.

Bootsausflug

Es war April 1788 und ich saß in einer Taverne in Dunbar. James Hutton, der Geologe, hatte mich und seinen Kollegen John Playfair hierher mitgenommen. James erklärte, dass er in letzter Zeit bei Ausflügen in East Lothian einige interessante Gesteinsformationen entdeckt hatte. Den jungen Geologen James Hall, der im unweit gelegenen Dunglass aufgewachsen war, hatte er gebeten, ein Boot zu organisieren. Er wollte eine Stelle an der Küste bei Old Cambus genauer untersuchen. Wir segelten also an der Küste entlang bis nach Siccar Point. Der Wasserstand ging langsam zurück und das Meer war ruhig, imposant lagen die Klippen vor uns. Direkt unterhalb der kleinen Kirche St. Helens fand James Hutton schließlich eine Stelle, die sein Herz höherschlagen ließ. Vertikale Schichten von Grauwacke wurden überdeckt von horizontalen Schichten roten Sandsteins. Und das Meerwasser hatte den Felsen so ausgewaschen, dass die Schichten blank poliert und ausgezeichnet erkennbar waren.

Wir ankerten im kleinen Hafen von Cove und machten uns auf den Weg entlang der Buchten, vorbei an der Mühle am Pease Bach und der St. Helens Kirche. Diese lag verlassen und allen Wettern ausgesetzt auf den Klippen, umgeben von einem alten Friedhof mit überwucherten, langsam in die Erde versinkenden Grabsteinen. Dann kletterten wir den steilen Abhang hinunter, durch Dickicht und Geröll, bis wir die Stelle erreichten. James erklärte uns, dass alles Gestein zunächst waagrecht am Meeresgrund abgelagert wurde. Erst durch spätere Verschiebung, Erosion, Überlagerung mit anderen Gesteinen, konnte eine solche Formation entstehen. Dieser Felsen war mehrmals von Meer überdeckt und wieder freigegeben worden und in einem Kreislauf aus geologischen Prozessen entstanden, die fast endlos gedauert hatten. Mit Hilfe von James Worten fühlten wir uns zurückversetzt in eine längst vergangene Zeit, als das Meer hier Sedimente ablagerte, und lauschten ehrfürchtig den Worten des großen Denkers. Seine Theorie war gewagt, denn niemand hatte sich je getraut, der Bibel zu widersprechen, die das Alter der Erde auf etwa 6000 Jahre datierte. Doch angesichts der Felsschichten, die sich vor uns aus der Tiefe des Meeres erhoben, konnte keiner James widersprechen.

Aufgeregt und beschwingt durch unsere neue Entdeckung setzten wir die Bootsfahrt fort und fanden noch weitere Stellen, wo sich James Theorie erhärten ließ, keine aber so schön blank poliert wie Siccar Point. Aus Überschwang stürzte ich beim Anlegen in Dunbar über Bord und holte mir eine ordentliche Erkältung. Ich lag wochenlang darnieder, und wäre es nicht ob der rührenden Fürsorge der Jean Brodie gewesen, wäre ich wohl nur 43 Jahre alt geworden. Jean jedoch hatte in diesem Frühjahr andere Sorgen. Eine Serie von dreisten Einbrüchen und Diebstählen hatte Edinburgh in letzter Zeit in Atem gehalten, und seit einem missglückten Versuch, das Excise Office auszurauben, war ihr Bruder abgängig. William Creech fühlte sich vom ersten Moment an bestätigt. Er hatte William Brodie noch nie leiden können und war der festen Überzeugung, dass dieser für die Einbrüche verantwortlich war. Jean war unruhig und ängstlich. Ich bin mir nicht sicher, wie genau sie über die Machenschaften ihres Bruders Bescheid wusste, doch wirkte sie sichtlich schockiert über die Anschuldigungen, vor allem, da er so ein angesehener Mann war. Stadtbekannt war er wohl, doch war ich überzeugt, dass er allerhand Dreck am Stecken hatte.

Ein letzter Gruß

Am 17. Juli brachte man schließlich Brodie zurück, den man auf der Flucht in Amsterdam geschnappt hatte. Man sperrte ihn ins Gefängnis in der Tolbooth. Am 27. August begann die Gerichtsverhandlung. William Creech saß in der Jury. Durch und durch Geschäftsmann, machte er sich während des 21 Stunden dauernden Prozesses penibel Notizen und veröffentlichte kurz darauf eine genaue Abhandlung darüber. William

Brodie und sein Komplize George Smith wurden einstimmig zum Tode verurteilt. Jean zog sich zurück. Sie floh für einige Zeit aus Edinburgh, um es nicht mitansehen zu müssen, wie ihr Bruder am 1. Oktober öffentlich hingerichtet wurde. Eine große Menschenmenge von ungefähr 40 000 Leuten hatte sich am und um den Lawnmarket versammelt. Auf dem niedrigen Vorbau vor dem Tolbooth hatte man den Galgen errichtet. William schien gefasst, und er war makellos gekleidet. Er warf mir einen Blick zu, grüßte mich mit einer übertriebenen Geste und wechselte ein paar Worte mit seinem Komplizen und Leidensgenossen. Zwei Mal musste der Galgen justiert werden, bevor es wirklich so weit war. Dann baumelte er in der Schlinge und ein Schrei ging durch die Menschenmassen.

Noch am selben Abend beschloss ich, Edinburgh alsbald zu verlassen und zurück nach London zu gehen. Ich verständigte also meinen Anwalt, die Wohnung am Advocat's Close zu verkaufen und begann damit, meine Sachen zu packen. Mitte November fuhr ich mit der Kutsche ein letztes Mal die High Street hinunter und über die North Bridge, dann die holprigen Straßen hinaus zum Hafen von Leith. Ich würde meine Erlebnisse hier nie vergessen, doch die Zeit war gekommen, mich von meinen neu gewonnenen Freunden zu verabschieden. Man versprach, sich Briefe zu schreiben und einander regelmäßig zu besuchen. Doch wie das so ist: Das Leben geht weiter, man trifft neue Menschen und alte Kontakte verlieren sich langsam. Später trauert man dann den guten alten Zeiten nach und erzählt seinen Kindern davon.

Über die Autorin

Regina Freinbichler wurde 1975 in Salzburg geboren. Nach dem Studium der Geschichte, Anglistik und Mathematik auf Lehramt verbrachte sie 10 Monate als Sprachassistentin in Glasgow, Schottland. Sie unterrichtete an der HTL in Salzburg. In Schottland hatte sie die schottische Kultur und insbesondere die schottischen Tänze kennen und lieben gelernt. Sie leitete in Salzburg eine schottische Tanzgruppe, gab eine Zeitschrift für Schottland-Fans heraus und sah sich als Koordinatorin verschiedenster schottischer Kultur-Aktivitäten in Salzburg. Es folgten viele weitere Schottlandaufenthalte, bis ihr gesundheitlicher Zustand ihr das Reisen nicht mehr erlaubte.

Regina Freinbichler auf dem „Tall Ship" in Glasgow